教育部高等学校专业(体育教育)综合改革试点项目(71196806)
华东师范大学培育基地建设——体育(78140128)

U0738398

武术初级教程

主　编　李富刚　　涂琳琳
副主编　王俊峰　　申彦庆　　孙　博

ZHEJIANG UNIVERSITY PRESS
浙江大学出版社

图书在版编目(CIP)数据

武术初级教程 / 李富刚,涂琳琳主编. —杭州:浙江
大学出版社,2015.5

ISBN 978-7-308-14530-5

Ⅰ.①武… Ⅱ.①李…②涂… Ⅲ.①武术—中国—
教材 Ⅳ.①G852

中国版本图书馆 CIP 数据核字(2015)第 061139 号

武术初级教程

主 编 李富刚 涂琳琳

责任编辑	徐 霞	
封面设计	续设计	
出版发行	浙江大学出版社	
	(杭州市天目山路 148 号 邮政编码 310007)	
	(网址:http:// www.zjupress.com)	
排 版	杭州林智广告有限公司	
印 刷	浙江良诸印刷厂	
开 本	710mm×960mm 1/16	
印 张	15.75	
字 数	283 千	
版 印 次	2015 年 5 月第 1 版 2015 年 5 月第 1 次印刷	
书 号	ISBN 978-7-308-14530-5	
定 价	32.00 元	

序　言

  中华武术是一项深受传统文化影响,集养生、健身、防身、修身、审美等于一体的优秀民族传统体育项目。近代伊始,武术就被当时的有识之士和社会精英本着"强国强种"、重塑国民与国家形象的崇高使命纳入了现代学校体育的教育体系之中。新中国成立以来,武术被列入大、中、小学校的体育教学内容,历次体育教学大纲的修订和体育课程的改革,都把武术摆在重要位置,列为传统体育中唯一的必修内容,充分体现了国家在构建有中国特色的现代化基础课程体系时对保持民族性这一主题的深刻认识,对武术所具有的塑造青少年健康体魄与心灵世界,弘扬与培育民族精神的多维价值的高度肯定与积极阐扬。

  在过去,体育与武术教育专家都在积极探索着切合学生身心发展规律与武术技能学习规律的有效武术教材内容与教学方法,并已取得一定成效,积累了不少经验。但不可否认的是,当前学校武术教育依然存在着"学生喜欢武术,但不喜欢武术课"、"武术课究竟教什么,怎么教,谁来教"等颇为根本、也颇为棘手的问题。这表明要让中华武术更好地融入现代学校教育体系,真正发挥其所具有的多维度的功能价值并非易事。

  本教材是在新课程体育改革理念的引导与启发之下,在吸取与继承众多武术教材成功经验的基础之上,所开展的一次有关学校武术教学内容、教学方法与评价手段等的积极探索与大胆尝试。本教材认为,突破学校武术发展瓶颈的关键所在是要让套路活起来,让学生对套路的身心体验走向丰富与深入。故本教材同意打破那种只学其形、只注重量的累积的武术教学模式,主张选取短小精悍的经典拳种套路展开深度学习与体验,灵活运用教学方法,充分调动与发挥师生主体的能动作用。本教材在原有初级套路的基础上增添了传统套路以及招式的攻防实战教学内容,主张武术课程围绕着功法、套路、技击三位一体的路径与方法来设置与开展。本教材体现了学校武术教育教学改革的发展趋势,突出了教材的理论性、实用性、师范性等特点。本教材可供本科生、研究生、武术教师以及社会上的武术爱好者使用。

本教材包含理论、实践、评价、试题四大模块,第一模块为理论部分,主要介绍武术起源与发展,武术的内容与分类,武术的特点与作用,套路教学原则、特点、阶段与步骤、套路动作教学组织与方法等。第二模块为实践部分,主要介绍武术基本功、基本动作,五步拳、初级长拳、罗汉十八手等的动作分析、易犯错误以及攻防含义,同时还对中学武术竞赛组织与裁判等进行了简单介绍。第三模块为评价部分,主要介绍考试内容与评价方式等。第四模块为试题部分。本教材在主编总体设计下,进行集体讨论,分工编写,由李富刚、涂琳琳任主编,王俊峰、申彦庆、孙博任副主编;参加编写的人员有李富刚(华东师范大学)、涂琳琳(浙江大学)、王俊峰(郑州大学)、申彦庆(河南大学)、孙博(河南大学),书中武术动作示范者有王达(河南理工大学)、李富刚;全书最后由李富刚和涂琳琳统稿、定稿。

本教材是《教育部体育教育专业综合改革试点项目》的子课题——《武术》课程建设的研究成果,本书出版得到了《教育部体育教育专业综合改革项目》经费的资助,还得到浙江大学出版社徐霞老师、陈静毅老师的帮助与支持,在此表示衷心的感谢。编写中难免有错误及不足之处,尚希读者批评指正。

作　者

2014 年 10 月

Contents 目　录

一　理论部分

二　实践部分

三　评价部分

四　试题部分

一

理论部分

第一章　武术概论

第一节　武术的起源与发展

一、武术的起源

关于武术的起源,研究者多持一种多元化的观点,认为它可追溯到原始人类的生产劳动、战争活动与宗教活动之中。首先,在原始社会,人与猛兽杂处,生存条件险恶,生活物资匮乏,狩猎是人们获取生活物资的一项重要活动,狩猎时所表演的带有巫术礼仪色彩的图腾歌舞活动、人与兽斗时所用的工具和身体技能等与武术有一定关系。在云南沧源的崖画上,就有人与动物搏斗的场景,不过也有学者将这种活动解读为一种神秘的巫术礼仪活动。其次,除了人与兽斗,人与人斗、部落与部落之间的战争生活也与早期武术活动直接相关。这种情况在原始社会后期就鲜明地体现出来,如传说中黄帝与炎帝、黄帝与蚩尤的战争等都在一定程度上反映了部落之间为争夺财物或复仇等的战争生活。《易经》上说:"民物相攫,而有武矣"。可以说,正是这种规模较大的战争生活催生了军事武艺的产生与发展。再次,原始社会某些具有巫术礼仪色彩的武术活动也反映了武术的萌芽,如《韩非子·五蠹》中记载:"当舜之时,有苗不服,……乃修教三年,执干戚舞,有苗乃服。"其中,干就是盾,戚就是斧。对这种以武舞形式出现的武术活动的解读存在差异,有人认为是"用武力威逼有苗臣服的意思",但也有学者将其解读为一种带有宗教色彩的巫术礼仪活动。观点的差异恰恰反映了原始社会武术活动的复杂性、综合性的特征。尽管原始社会充满了武力搏杀活动和带有巫术礼仪色彩的武舞活动,但它还不是一种真正的武术活动,它们只是在极为低下的社会历史条件下所孕育出来的一种武术胚胎,还需要新的社会形态与文化的不断滋养与培育。

二、武术发展历程

（一）先秦时期

先秦时期一般是指从公元前21世纪至公元前221年秦始皇统一六国的这段时间，这也就是我们通常所说的夏、商、周三代以及春秋、战国这几个历史时期。在这一时期，武术已由原始社会的萌芽形态逐渐发展成为一种具有相对独立意义的武术文化形态，除攻防外，还具有了教育、娱乐、表演等功能。这一时期，"田猎"和"武舞"成为武技训练的重要手段（田猎是训练各种武器的使用和驭马驾车技术；武舞是将实战的格杀经验按一定程式来训练）。西周建国初期，在周公旦的主持下制礼作乐，建立了一套礼乐制度。学校教育也初步形成规模和体系，"六艺"（即礼、乐、射、御、书、数）成为学校教育的主要内容。六艺中的前四艺都与武术有关，可见周代对武术的崇尚，但同时又非常注重"敬德崇礼"，"礼乐"之风也渗透到武术活动中。如《礼记·射义》中说："故射者，进退周还必中礼，内志正，外体直，然后持弓矢审固；持弓矢审固，然后可以言中，此可以观德行矣。"可见，习射者在射箭时必须遵从一定的礼仪"程式"才能得射而言中，是否合乎礼仪，即"中礼"已成为观察习射者德行的标准。

春秋战国时期，礼乐制度随着西周王权的崩溃而"礼崩乐坏"。社会动荡，新兴地主阶级同奴隶贵族进行反复较量后最终登上政治舞台。武术在各国统治得以延续与各自发展势力的过程中起着极其重要的作用，因而统治者纷纷采取措施刺激武功，"隆技击"的局面在许多国家出现，民间习武之风昌盛，战国时出现了一个"以武犯禁"、被称为"侠"的特殊群体。这个新兴的、以武为业的专门团体主要靠自身武技效命于人，或靠传授私家武技而求得生存。他们的独立，使他们把精力全部用在增强技艺上，因而对武术自身技艺和理论水平的提高都起着一定作用。但武者们精湛的技艺并非总能用到军事战争上，他们也被统治者用来作为享乐的对象。春秋战国时期的角力手搏、斗剑活动颇为兴盛。"角力"在周代春秋时期主要作为"讲武"内容而被列为军事训练的手段而存在，有"礼"的约束。但到战国时期，角力活动已开始成为统治者消遣娱乐的对象。《汉书·刑法志》中记载了角力活动的这一变化："春秋之后，稍增讲武之礼，以为戏乐，用相夸示，而秦更名为角抵，先王之礼没于淫乐中矣。"从史家的哀叹声中，我们可以看到这种以"两两相当"为特征的角力活动已具有了很强的娱乐观赏性。春秋战国时期，剑的制造以及剑术技艺都得到空前发展，除了在战争中发挥作用外，斗剑活动更是作为统治阶级的观赏娱乐活动在社会上盛行起来。汉人的民谚"吴王好击剑，百姓多剑瘢"就生动地反映了这一点。《庄子·说剑》篇中更是详细描述了当时的斗剑情形,赵文王喜欢剑,于是便招揽了数千身穿短衣、头发蓬乱、性情刚烈的斗剑士,"日夜相击于前,死伤者岁百余人,好之不厌"。可见,这类斗剑活动尽管相当惨烈,但并不具备军事意义,而是纯粹为了满足统治者的个人喜好。

春秋战国时期,"礼崩乐坏"局面的出现,也使中国历史上出现了一个诸子蜂起、百家争鸣的文化繁盛期。"学在官府"的局面被打破,"私家之学"蔚然兴起,从而形成不同的学术流派,如儒、道、墨、法、阴阳、兵家、农家、杂家等。在这样的时代背景之下,人们在增进武术技艺的同时也会总结自己的武技经验,并在理论上加以深化。在总结与深化的过程中,可能就会受到某些学说与流派的影响。如《吴越春秋·勾践阴谋外传》中,就有一位剑术高超的女击剑家越女,她用道、阴阳、开闭、呼吸、形神、虚实等一系列范畴来阐述"手战之道",从她的论述中我们似乎可以捕捉到阴阳学说的影子。而《庄子·说剑》篇中所记载的"夫为剑者,示之以虚,开之以利,后之以发,先之以至",则可能与兵家、道家哲学有一定关系。儒家对武术的影响主要表现在对"武德"的规范上,而对武德的追求可能源于西周时期的"礼乐"制度。"礼崩乐坏"之后,以孔子为代表的儒家则自觉维护周礼并加以阐扬,使道德修养深入习武人内心,逐渐成为品评习武人的一个重要标准,并成为后代习武人追求的一个价值目标。先秦时期的武术实践活动和零星武术理论思想的出现都对后来的武术文化形态产生了深远影响。

(二)秦汉时期

秦汉时期,是中国历史上大一统的时期。秦统治苛严,"收天下之兵,聚之咸阳,销锋镝,铸以为金人十二,以弱天下之民"。但此举并未挽回它二世而亡的命运。秦代,角抵活动多在宫廷上演,如《史记·李斯列传》中记"(秦)二世在甘泉,方作角抵、俳优之观。"这里将角抵与俳优并列,可见二者具有不相上下的娱乐观赏价值。汉代正处于我国封建社会的上升时期,是一个欣欣向荣、朝气蓬勃的时代。这一时期的武术表演也呈现出质朴昂扬、雄健有力的精神气象。在一些汉画像砖石、墓壁上保存了丰富的武术活动场景,这里既有生动形象的角抵、斗剑活动,也有潇洒英武的剑舞表演,更有扛鼎、舞刀、走索、角抵混在一起的琳琅满目的"百戏"临摹,从这些尘封两千年之久的画像石上我们看到了一个极为丰富、饱满、充满非凡活力和旺盛生命力的异常热闹的世界。汉代的角抵活动在原来"两两相当,角力、角技艺"的基础上,广泛吸收舞蹈、音乐、杂技、戏剧和幻术等其他艺术活动内容,形成了规模庞大的综合性文体艺术——角抵戏,或曰"大角抵"、"角抵奇戏",如融入了一定故事情节内容的《东海黄公》即属于此类。此时的角抵戏已由宫廷走向大众,每当上演"大角抵"时,观者如云。汉时,从上到下习剑之风都很流行。如司马相如、东方朔等人，年少时都好习学剑术。"吴、越之君皆好勇，故其民至今好用剑，轻死易发。"（《汉书·地理志》）此时的剑术除了用于格斗较技外，在舞蹈文化的影响下，剑又向飘逸典雅的"剑舞"发展。如大家耳熟能详的"项庄舞剑，意在沛公"就证明了当时剑舞作为一种佐助酒兴的娱乐活动在军中广为流行。与此类似，《三国志·吴志·甘宁传》中也记载了甘宁、凌统、吕蒙的"双戟舞"、"刀舞"，显然这都是一种具有一定表演与观赏价值的个体性表演。它与《庄子·说剑》中相对惨烈的斗剑场景颇为不同，其娱乐性的成分更强。在汉代，刀成为军队中最主要的短兵器。刀剑之术、相扑、角抵活动开始东传日本。此外，武术理论上也有新的发展，司马迁在《史记·太史公自序》中说："非信廉仁勇不能传兵论剑，与道同符；内可以治身，外可以应变，君子比德焉。"可见，良好的道德品质是"传兵论剑"的先决条件，习武活动已上升到"德"与"道"的高度，传兵论剑已成为一种内可治身、外可应变的修养之道。《汉书·艺文志》"兵技巧"类中也有与武术有关的《剑道》38篇、《手搏》6篇，尽管这些篇目已失传，但可见古人对武技的重视，可看出武技可通于的"道"的主流观点。

（三）两晋南北朝时期

第一，东晋道士葛洪在《抱朴子·自叙》中说："又曾受刀楯及单刀双戟，皆有口诀要术，以待取人，乃有秘法，其巧入神。若以此道与不晓者对，便可以当全独胜，所向无前矣。晚又学七尺杖术，可以入白刃，取大戟。"①这则材料说明当时习武已有口诀要术，标志着武术有了较大发展。第二，以老庄思想解释儒家经典的"玄学"出现。"玄学"主要是以"贵无"思想为核心，要求人们摒绝一切内心思虑、感情，用玄思冥想达到"道"或"无"，把外部世界解释于内心。这样的一种观念，对当时人们"内养"、"内修"起到了积极作用，但却不利于武术中对抗性、竞争性方面的阐扬与发展。特别在剑器的发展上，只剩佩剑和舞剑两个功能，而失去了战场上的实战作用；晋代佩剑开始用木剑代替铁剑，并用金、银、玉、蚌、玳瑁来装饰剑首，佩剑纯为装饰，同时也成为具有神秘色彩的宗教法器。② 第三，养生理论、内丹术提出的"炼精化气、炼气化神"以及"精、气、神"等思想对后来的武术发展产生了一定的影响，特别是为明清时期"内家拳"的出现奠定了一定的理论基础。

---

① 抱朴子·自叙//诸子集成（第八册）.上海：上海书店出版社，1986.
② 旷文楠.两晋南北朝武术的娱乐性发展.成都体育学院学报，1994（4）：16-19.

（四）隋唐时期

唐代长安二年（公元702年），开始实行武举制，用考试的办法选拔武勇人才，这一举措激发了人们习武的热情，促进了武术朝着规范化、制度化方向发展。在唐代，"枪"是军队的主要兵器。在宫中通常用"枪"来进行切磋比试，如李元吉（唐太宗之弟齐王）与尉迟敬德的比试，《旧唐书·尉迟敬德传》中记载："敬德善解避矟……齐王元吉亦善马矟，闻而轻之，欲亲自试，命去矟刃，以杆相刺。敬德曰：'纵使如刃，终不能伤，请勿除之，敬德矟谨当却刃。'元吉竟不能中。太宗问曰：'夺矟、避矟，何者难易？'对曰：'夺矟难。'乃命敬德夺元吉矟。元吉执矟跃马，志在刺之，敬德俄顷三夺其矟。"[①]剑术表演已达到较高水平，开元年间裴旻将军的舞剑[②]就与张旭的草书、李白的诗歌被当时人称为"三绝"，他则被后人誉为"剑圣"。杜甫的《观公孙大娘弟子舞剑器行》则为我们描写了名家表演剑器时的生动画面："昔有佳人公孙氏，一舞剑器动四方。观者如山色沮丧，天地为之久低昂。霍如羿射九日落，矫如群帝骖龙翔。来如雷霆收震怒，罢如江海凝清光。……"此诗既从侧面描写了公孙氏剑器表演所具有的极强感染力，也从正面描写了公孙氏舞剑器时所展现出来的轻快洒脱、气势腾然的身法与动静结合的节奏韵律。此外，唐朝时徒手格斗技艺的角力、角抵、手搏、相扑等名称相杂混用，开展颇为兴盛，并传到日本，对日本武道影响较大。

（五）宋元时期

宋代手工业、商业经济繁荣，全国兴起了规模较大的城市（如开封、洛阳、扬州、苏州、荆州等），其中宋都开封的人口达到一百多万，店铺林立、车水马龙。伴随着商业经济的繁荣、市民阶层的壮大，城市出现了专门的游艺场所"瓦舍"、"勾栏"，在这些场所武术表演丰富多彩，有使拳弄棒的，有举重的、订弹的、射箭的等。这些人以卖艺为生，促进了武术技艺的专业化、职业化、商业化发展。宋代表演武艺不仅在城市的游艺场所出现，在军中也有专门的人习练与表演。如诸军春教时，"禁中教场，呈试武艺，飞刀斫柳，走马舞刀，百艺俱呈"（[宋]吴自牧，

---

① 旧唐书·尉迟敬德传.上海：上海古籍出版社，1986.

② 据《独异志》记载："开元中，将军裴旻居母丧。诣道子，请于东都天宫寺画神鬼数壁，以资冥助。道子答曰：'废画已久。若将军有意，为吾缠结，舞剑一曲，庶因猛励，获通幽冥。'旻于是脱去缞服，若常时装饰，走马如飞，左旋右抽，掷剑入云，高数十丈，若电光下射，旻引手执鞘承之，剑透室而入。观者数千人，无不惊栗。道子于是援毫图壁，飒然风起，为天下之壮观。道子平生年画，得意无出于此者。"参见殷伟，殷斐然.剑：中华千古文人的侠客之梦.北京：中国文史出版社，2008：214.

《梦梁录》卷2）。在城市,还出现了以健身、娱乐为目的的武艺结社活动,如锦标社（主要练习射箭）、英略社（主要习枪弄棒）、角抵社（主要练习相扑）等。在农村,则出现了乡社这种武艺结社组织,人们忙时种田、闲时练武,团结在一起习练武艺、以防不测。宋元时期杂剧、戏曲中涉及很多武术的元素,使得武术与元杂剧相互吸取、相辅相成,使武术中的武打元素在舞台上取得辉煌成就,为后来的杂剧、戏曲以及武术艺术化的发展进一步奠定了基础。

（六）明清时期

伴随着火器（热兵器）在军中的出现,并占主导地位,使武术（冷兵器）逐渐退出军事舞台,然而武术却并未因此走向衰败,反而迎来了新的发展时期,并基本形成了古代武术理论与训练体系。具体体现如下:

第一,不同风格的拳种流派开始形成,"十八般武艺"的名称出现。戚继光的《纪效新书·拳经捷要篇》中记载:"古今拳家,宋太祖有三十二势长拳,又有六步拳,猴拳,囵拳,名势各有所称而实大同小异。至今之温家七十二行拳,三十六合锁,二十四弃探马,八闪翻,十二短,此亦善者也。吕红八下虽刚,未及绵张短打,山东李半天之腿,鹰爪王之拿,千跌张之跌,张伯敬之打,少林寺之棍,与青田棍法相兼,杨氏枪法与巴子拳棍,皆今之有名者。虽各有所长,然传有上而无下,有下而无上,就可取胜于人,此不过偏于一隅。若以各家拳法兼而习之,正如常山蛇阵法,击首则尾应,击尾则首应,击其身而首尾相应,此谓上下周全,无有不胜。"[①]何良成《阵纪选》中说:"学艺先学拳,次学棍。拳棍法明,则刀枪诸技特易易耳。如宋太祖之三十六势长拳、六步拳、猴拳、囵拳,名虽殊,而取下胜则一焉。温家之七十二行拳、三十六转合锁,二十四弃探马、八闪番、十二短,此又善之精者。吕红之八下、绵张之短打、李半天、曹聋子之腿、王鹰爪、唐养吾之拿、张伯敬之肘、千跌张之跌,他如童炎甫、刘邦协、李良钦、林琰之流,各有神授,世称无敌,然皆失其传而不能竟所奥矣。"[②]《少林棍法阐宗》中说:"古人制艺必立意,吾人资性各有所长,岂可尽废。惟杨家枪、太祖长拳、绵张短打、孙家阳手棍、少林兼枪带棒,乃五家不传。苟能习练精熟,得其心印,余可敝帚弃之矣。"[③]以上这些材料充分说明当时拳种流派众多,武术内容极为丰富多彩。明代朱国桢的《涌幢小品》中记载"十八般武艺"为弓、弩、枪、刀、剑、矛、盾、斧、钺、戟、鞭、锏、挝、殳、

---

① ［明］戚继光.纪效新书.北京:人民体育出版社,1988:308.
② 马力.中国古典武学秘籍录.北京:人民体育出版社,2005:16.
③ 马力.中国古典武学秘籍录.北京:人民体育出版社,2005:155.

叉、钯头、绵绳、白打等。①

第二，武术套路图谱书籍出现。如程宗猷的《单刀法选》是目前国内所见到的记载武术套路图谱最早的书籍材料，《单刀法选》主要记载了刀、棍以及步法演练的方法和运动路线图等，有助于武术的传授、交流和研究。

第三，内家拳的出现，如形意拳、太极拳、八卦掌等拳种都在这一时期得以形成，并运用中国哲学理论（太极、五行、八卦、阴阳等）来阐释拳理，重视内外兼修，修身养性，提高了武术的哲理旨趣，是武术雅化的一种体现。

第四，武术专著与其他文献资料大量出现。唐顺之的《武编》、茅元仪的《武备志》、何良臣的《阵纪选》、戚继光的《纪效新书》、程宗猷的《耕余剩技》（全书主要由四部分组成：少林棍法阐宗、长枪法选、单刀法选和蹶张心法）、吴殳的《手臂录》、程真如的《峨眉枪法》、俞大猷的《剑经》、黄百家的《内家拳法》、张孔昭的《拳经拳法备要》、苌乃周的《苌氏武技书》、王宗岳的《太极拳论》等以上武术文献的出现，既有助于武术技能的总结与传承，又极大地提升了武术的理论水平，为后人的研究奠定了资料基础。

第五，武德已有明确要求。如《苌氏武技书》中的《初学条目》中认为："1)学拳宜向静处用功，不宜在人前卖弄精巧、夸张技艺，方能鞭策着里。2)学拳宜郑重其事，不可视为儿戏，则无苟且粗躁之弊。……21)学拳宜人品端方、简点寡言，以豪杰为法，以圣贤自命，方明哲保身等。"②

第六，武术与气功导引养生功结合，促使武术内功出现，明确了武术"内外兼修"的训练体系。如拳术家练拳时讲究练气、练意、练力，并通过以"意"导"气"，以"气"催"力"，意到气到，气到力到，注重"意、气、力"三结合的训练方法。周伟良的《中国武术史》中认为，武术与气功的结合原因大致有三：①中国古代阴阳和谐哲学观的使然。②是练气活动对习武所具有的价值。③明清气功文化中所积存的神秘色彩对当时广大习武者产生的强烈吸引力。③

第七，秘密结社成为武术主要的传习方式。这种结社组织主要有：①会党组织（如天地会、哥老会等）；②教门组织（如白莲教、八卦教、青莲教等）；③拳会组织（如义和拳、梅花拳、红拳会、少林会等）④。它们一方面推动了武术活动的开展，加强了各门派武术之间的交流；但另一方面，也不能忽视其负面的影响，因

① 国家体委武术研究院.中国武术史.北京：人民体育出版社,1997：279.
② 马力.中国古典武学秘籍录.北京：人民体育出版社,2005：255-257.
③ 周伟良.中国武术史.北京：高等教育出版社,2003：92.
④ 周伟良.中国武术史.北京：高等教育出版社,2003：80.

为秘密结社毕竟是产生在封建小农经济基础上，深受宗教神灵、皇权主义以及排他主义观念影响，致使武术在传习过程中出现玄虚化、神秘化倾向，如学拳念咒、祈求神灵庇佑、宣扬刀枪不入等不当思想与做法等。

（七）民国时期

民国时期，随着西方文化、西方体育的传入，"土洋体育"之争也蔚然兴起，使得爱国志士以及武术界人士不得不思考我国固有之国术如何生存、延续发展的问题。在西方体育的参照下，武术开始向规范化、科学化方向发展。具体主要体现在四个方面：

第一，武术走进学校体育课。"1918 年 10 月，在教育部召开的全国中学校长会议上通过决议：全国中学校一律添习武术。"[1]当时武术师资主要有两类：①从民间武术社会团体中聘请拳师当教员（见表 1-1）。②由体育学校以及师范院校体育系（科）来培养武术师资。

表 1-1　主要武术名家受聘情况[2]

姓　名	受聘学校
刘殿琛	北洋法政学校、清华学校
耿继善	河北赵县中学
靳云亭	工艺学堂、育德学校
郝月如	南京中央大学
李存义	南洋公学（上海交通大学前身）
李雅轩	南京国民体育学校
梁振蒲	河北省立第十四中学、束鹿女子师范学校
刘凤春	北京体育学校
纪　德	北京高等师范学校、医学专科学校等
于振声	南京高等师范学校
陈子正	黑龙江第一中学、第一师范学校等
李剑秋	清华学校

---

[1]　周伟良.中国武术史.北京：高等教育出版社，2003：106.

[2]　王智慧，蔡宝忠.对我国近现代学校武术内容及活动变迁过程的研究.北京体育大学学报，2004，27（10）：1399-1401.

第二，《中华新武术》的创编。1910 年，马良在众多武术人士的协助下，借鉴了"兵式体操"的教学方式，创编了《中华新武术》（见图 1－1～图 1－2）（共分为摔跤科、拳脚科、棍术科、剑术科等）。此教材内容以传统武术为素材，分段分节地配以口令来进行教学，较为适合团体操练与学习，在一定程度上符合循序渐进的教学原则，为武术被纳入学校体育课找到了一条可行的路径。

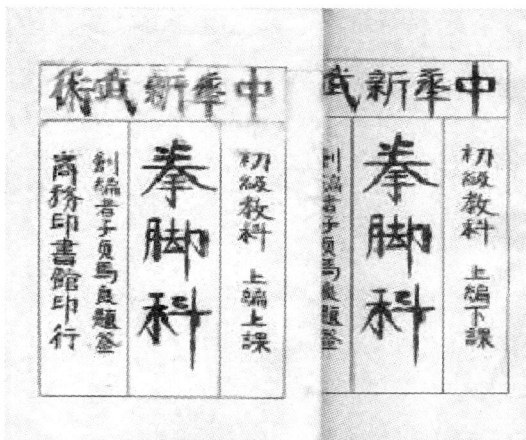

图 1－1

图 1－2

第三，以精武体育会为代表的武术社团纷纷成立。1909 年，霍元甲①（见图 1－3）在上海创办"精武体操学校"。1915 年，精武会主要教授武术，其后除武术外，增加了兵操、摔跤、举重、篮球、文事、游艺等体育项目。鉴于其他体育项目涵盖面较大，且较为符合社会人才的需求，1916 年"精武体操学校"更名

---

①　霍元甲（1869—1910），字俊卿，绰号"黄面虎"，著名爱国武术家、迷踪拳大师。祖籍河北东光，世居天津静海小南河村（今属天津市西青区南河镇，为纪念霍元甲这位名震中外的爱国武术家，天津西青南河镇自 2009 年 1 月 18 日起更名为精武镇）。幼时体弱，其父望其学文，但立志习武。父感其志坚。其父悉心传授下，十年苦练，尽得秘宗拳精髓。又多方访贤问道，集百家之长，汇各派精粹，将秘宗拳发展迷踪艺。因以单肩担走千斤药担，又一脚踢开石碌碡，被誉为"霍大力士"。1901 年，痛斥到天津卖艺的俄国力士。1909 年，英国力士奥皮音到上海赛艺，辱我民族。霍应上海武林友人之邀请前往，与奥皮音约期比武，奥皮音未敢交手而逃；同年 6 月，在武术界同仁协助下，在上海创立精武体操学校，任主任教师，传授十二路潭腿等武术技法。数月后病逝（一说为日医秋野暗害，中毒而死）。1910 年，陈公哲等在原精武体操学校基础上组成精武体育会，奉其为该会创始人。参见昌沧，周荔裳. 中国武术人名辞典. 北京：人民体育出版社，1994：109.

为"精武体育会"。孙中山先生曾亲笔为其题写了"尚武精神"①的匾额。精武体育会的宗旨是"以提倡武术,研究体育,铸造强毅之国民为主旨",要求会员"必须以仁爱为怀,服务为旨,以我所有,助人所无;牺牲个人力量,以求造福于人群;忠于待人,廉正守己,见义勇为,积功于天爵,重振风教,多行而寡言。凛遵斯旨,庶几完人"②。以精武体育会为代表的武术社团在一定程度上发挥了塑造国民健康体魄,弘扬与培养民族精神的积极作用。

第四,中央国术馆建立。1928年3月24日,中央国术馆在南京成立,馆长为张之江③(见图1-4)。中央国术馆的宗旨为"以提倡中国武术,增进全民健康",设置机构主要采用"一会三处"的建制,"一会"即理事会,"三处"为教务处、编审处和总务处等。在中央国术馆成立后,举行了两次重要的国考。1928年10月15日,在南京举行第一次国术考试,此次考试分为预考和正考,预考内容分别

图1-3

图1-4

---

① 陈公哲.精武会五十年.沈阳:春风文艺出版社,2001:2.
② 陈公哲.精武会五十年.沈阳:春风文艺出版社,2001:27.
③ 张之江(1882—1966),字子姜,号保罗。河北盐山人。原南京中央国术馆馆长,新中国成立后当选为全国政协委员。幼年上私塾,清末练新军应征入伍,辛亥革命后屡擢升至陆军上将。曾因中风病,一时口角歪斜,其警卫余国栋教其练太极拳,以致病愈。促其弃戎从武,倡导武术。1927年脱离军界任国民政府委员,在纽永键、李济深等协助下,创建国术研究馆于南京,次年改组为中央国术馆,任馆长。摒弃门户之见,聘请四方名师,研究整理武术、开展教学、训练工作,对武术恢复发展做出了贡献。1933年又创办国立国术体育师范专科学校,任校长。1928—1933年组织领导两次"国术国考",为以后武术比赛奠定了基础。1933年、1936年两次率团分赴两广、福建、香港等地,以及菲律宾等南洋诸国表演、宣传武术。抗日战争期间,成功地组织国术馆、国立体师南迁,继续办学。1948年宣告闭馆,定居上海。曾组织国术统一委员会。领导出版武术专刊、周刊、季刊,并撰写《东游感想录》《国术与国难》《国术与体育》等书。

为刀、枪、剑、棍、拳;正考内容为对抗比赛,分为摔跤、散打、长兵器和短兵器。当时对抗比赛的规则是"对比赛不分年龄和体重,抽签配对参赛,拳脚打中或踢中对方的算得分,打倒对方的算全胜,取三战两胜的淘汰制,选拔优胜者。裁判严格规定,在比赛过程中,对咽喉、头部、后脑、下档不准打,打者违列"①。在 1933 年的第二次国术考试中,项目及规则与第一次国术考试略有不同。如"套路(拳、刀、枪、剑、棍)五项,对抗性(散打、长兵、短兵、摔跤)四项。第一届比赛属于'擂台'形式,其中有伤害或致命之弊,故这次改变方式,对抗性比赛时,不一定要把对方打倒,只是点到为止,即如果拳头或腿脚碰到对方身体,就算胜利,这样在比赛中就安全多了。"②从两次国术考试的内容与规则形式的变化可看出当时武术界人士已开始积极探索以体育比赛形式出现的武术发展路径。

第五,中华武术首次在奥运会上亮相以及表演武术竞赛活动的开展。1936 年,由张文广、温敬铭、金玉生、郑怀贤、张尔鼎、寇运兴、刘玉华、翟连元、傅淑云共九名选手组成的中国武术表演队,赴柏林参加第十一届奥运会表演(见图 1-5、图 1-6)。此次奥运会上的武术表演反响不俗,可谓轰动柏林、震撼欧洲,为中国武术走向世界起到了推动作用。1924 年民国时期第三届全国运动会上,首次将武术列为表演项目,这标志着武术项目开始进入综合性运动大会。

图 1-5

图 1-6

(八) 新中国成立后的中华武术发展(1949 年至今)

有些学者将新中国成立后的武术称为"现代武术","现代武术"是相对于"古代武术"、"近代武术"的一种分类方法。从新中国成立(1949 年)到现在已经走过了 60 多年的历程,武术也在党和国家的重视之下,朝着大众化、竞技化、多样化方向

---

① 庞玉森.中央国术馆史.合肥:黄山书社,1996:45.
② 庞玉森.中央国术馆史.合肥:黄山书社,1996:56.

发展,并取得不错的成绩,特别是在武术竞赛、健身医疗、理论研究等方面都有了质的提高。值得一提的是,在当下,武术尤其是太极拳已受到国外一些国家和政府的重视①,这些国家的相关研究者对武术(太极拳)的健身功效、技击原理等展开了较为深入的实证研究与理论思考,在一定程度上也起到了推广传播中华武术的良好效应。考虑到这 60 多年以来武术在学校武术、大众武术、竞技武术、传统武术等多方面均取得了不俗的成绩,为了突显重点,笔者将新中国成立以来武术的发展状况进行梳理、并以提纲的形式加以列举,以便读者更加清晰地加以把握。

1. 套路运动

(1) 新中国成立后,武术作为民族传统体育中的重要组成部分,于 1958 年在北京成立了中国武术协会。

(2) 1953 年 11 月,在天津举行的以武术为主要内容的全国民族传统体育表演及竞赛大会,标志着武术作为体育项目进入竞赛领域。

(3) 1956 年 2 月,中华人民共和国体育运动委员会运动司武术科组织多位太极拳专家,以杨式太极拳为动作素材,编串而成易学、易练、易记的二十四式简化太极拳。

(4) 1956 年,刘少奇同志在跟国家体育总局负责人谈话时说:"要加强研究,改革武术、气功等我国的传统体育项目。研究其科学价值,采用各种办法,传授推广。"

(5) 1957 年 2 月,顾留馨②受国家体委派遣赴越南为胡志明主席以及越南

---

① 美国国家健康研究所的科学家表示,"太极拳几乎没有缺点,没有任何副作用,每月50 美元的费用与其他锻炼方式相比也是很经济的,应该在全国范围内推广。"参见美国拟全国推广太极拳:称对健康几乎没有任何副作用.重庆晚报,2010-08-23.

② 顾留馨(1908—1990),著名太极拳研究家。又名顾刘兴,上海人,国家级武术裁判。11 岁始习武,初练南拳,15 岁从保定宫荫轩习金刚腿、八方刀、骑枪、棍术等。18 岁参加中华国技传习所,从交通大学武术教师刘震南习六合拳。1927 年从致柔拳社陈微明、汇川太极拳社汇川学杨式太极拳,加入精武体育会后从徐致一、吴鉴泉学吴式太极拳,又从陈发科学陈式太极拳。还分别向孙禄堂、田瑞芳、云亭等武术家请教形意拳、八卦掌等功夫。后师从杨澄甫、杨少侯精心研习太极拳。1927 年毕业于上海文治大学文科国学系。在武术上不拘门派,广受博蓄,在太极拳研究上硕果累累。一生博采众长,重视传统,重视使用,对太极拳推手尤其倾心。20 世纪 50 年代后,广泛搜集资料,不懈进行太极拳历史和理论的研究。出版有《太极拳研究》(与唐豪合著)、《陈式太极拳》(与沈家桢合著)、《太极拳术》、《怎样练太极拳》等,皆为当今太极拳研究的重要资料。多次担任全国武术比赛的裁判工作,先后赴越南、日本等地教学。曾担任多位我国党和国家领导同志以及越南胡志明主席等人的太极拳老师。1977 年、1980 年,两次东渡日本讲学,对日本太极拳的传播有着重要影响作用。曾任上海体育科研所副所长、研究员,上海体育学院兼职教授,上海市武术协会主席及中国武术协会委员兼技术研究会副主任等。参见余功保.中国太极拳大百科.人民体育出版社,2011:140.

军委、体委干部授太极拳。

（6）1957年，陈毅同志在观看全国武术表演评比大会时，认为武术"应大力提倡，大力发展"。

（7）1959年10月1日，周恩来总理在北京体育学院会见日本松村谦三时，对太极拳进行了高度评价。周总理说："太极拳是中国的一种优秀的传统文化，内涵十分丰富，充满着哲理，与中国传统医学有着血缘关系。太极拳，是一项极好的健身运动，可以强身健体，可以防身自卫，可以陶冶情操，也是一种美的享受，给人们带来情趣和幸福，延年益寿。"

（8）1958年9月，在北京起草第一部《武术竞赛规则》。

（9）1959年，第一部《武术竞赛规则》经国家体委批准后颁布施行。

（10）1960年3月18日，毛泽东主席关于卫生工作的指示："凡能做到的，都要提倡做体操，打球类，跑跑步，爬山，游水，打太极拳及各种的体育运动。"

（11）1961年，教育部组织修订的《中小学体育教学大纲》将武术列入。

（12）1961年，国家体委组织编写第一部全国体育学院《武术》本科讲义。

（13）20世纪60年代初期，国家体委正式提出了"难度大、质量高、形象美"的武术技术发展方向，指明了武术运动竞技化发展的方向。

（14）1978年，国家体委组织编写的全国体育院系《武术》通用教材（1～4册）问世。

（15）1978年11月16日，中共中央副主席邓小平题词："太极拳好"。

（16）1978年，太极推手在上海、浙江和黑龙江等地进行了试点工作。

（17）1979年，制定了第一部《太极拳推手竞赛暂行规则》。

（18）1982年，在北京召开第一次全国武术工作会议，武术发展进入崭新阶段。

（19）1984年9月，全国太极拳、剑邀请赛在黑龙江省哈尔滨市举行，这次比赛为太极拳、剑脱离其他武术项目，走向单项比赛打下了良好的基础。

（20）1985年1月，国家体委颁布了《武术运动员技术等级试行标准》，分为：武英级、一级武士、二级武士、三级武士、武童级。

（21）1985年8月，在西安举行了第一届国际武术邀请赛，成立国际武联筹委会，加速了武术走向世界的进程。

（22）1986年，国家体委将太极拳、剑、推手列为全国正式比赛项目，并决定每年举行一次比赛。

（23）1987年，第一届亚洲武术锦标赛在日本举行，1990年武术正式列入亚运会比赛项目。

（24）1989 年，国家体委武术研究院组织有关专家，依据传统性、科学性、竞赛性的原则，创编了陈式、杨式、吴式、孙式太极拳竞赛套路，把传统武术纳入竞赛体系。武式太极拳竞赛套路在 1997 年问世。

（25）1990 年 10 月，国际武术联合会在北京成立。

（26）1991 年 10 月，第一届世界武术锦标赛在北京举行，标志着武术正式进入世界竞技体育的比赛行列。

（27）1994 年 6 月，国家体委审定并首次颁布《武术太极推手竞赛规则》。

（28）1994 年，首届太极拳推手竞赛规则裁判员培训班在北京举行，"全国太极拳、剑、推手比赛"更名为"全国武术太极拳锦标赛"。由此，太极拳推手竞赛成为全国武术锦标赛项目，使得太极拳推手成为正式比赛项目，标志着太极拳推手发展到了又一个新的阶段。

（29）1999 年，《中国太极推手》书稿由人民体育出版社出版。

（30）1999 年 6 月 20 日，在韩国首都举行的第 109 次国际奥委会会议上，决定承认国际武术联合会，这是中国武术走向世界的一个重要里程碑。

（31）2000 年，国际武术联合会被国际奥委会接纳为正式会员。

（32）2000 年 4 月，中国武术协会制定太极拳全球化发展战略——"太极拳健康工程"。

（33）2001 年 3 月 21 日，首届世界太极拳健康大会在海南省三亚市召开。

（34）2004 年 4 月，河南洛阳首次创造了 30648 人集体演练太极拳的吉尼斯世界纪录。

（35）2005 年 12 月 18 日，以"团结、友谊、健康、和平"为主题的"中华龙"第二届世界健康大会，在海南省海口市举行。

（36）2006 年 5 月 20 日，国务院公布太极拳为首批国家级非物质文化遗产。

（37）2007 年 8 月 21 日，第四届中国焦作国家太极拳交流大赛期间，温县被命名为中国武术太极拳发源地。

（38）2008 年，武术作为特设项目在奥运会期间举行"北京奥运会武术比赛"，标志着武术运动正逐步走进奥林匹克运动的殿堂。

（39）2009 年 2 月 17 日，胡锦涛主席在毛里求斯观看武术表演后说："学习武术，一可以健身，二可以了解中国文化，三可以增进中毛两国人民友谊。"

（40）2009 年 8 月 8 日，在北京奥林匹克公园举行了太极拳集体演练，以33996 人参加表演成功打破了 2004 年 4 月在河南洛阳创造的 30648 人的吉尼斯世界纪录。

（41）2009 年 8 月，中国太极拳博物馆在河南温县陈家沟建成。

（42）2009 年 10 月，第一届全国武术段位制考试在浙江省杭州市举办。

2. 散打运动

（1）1978 年，成立武术散手调研组，并编写《关于开展武术散手运动的报告》。

（2）1979 年，国家体委决定首先在北京体育学院、武汉体育学院、浙江省体委三个单位进行武术散手项目的训练试点。

（3）1979 年 9 月，第四届全国运动会在石家庄市举行，散手项目首次进行了公开的表演。

（4）1980 年 10 月，在云南省昆明市举行的全国武术表演赛期间，国家体委调集了散手试点单位的有关人员开始拟定《全国武术散手竞赛规则》（征求意见稿）。

（5）1982 年 11 月，国家体委调集了北京市体委、山东省体委、河北省体委、广东省体委、北京体育学院和武汉体育学院六个单位，召开全国散手竞赛规则研讨会，确定了《全国武术散手规则》（初稿）。

（6）1982 年 12 月，在北京召开了第一次全国武术工作会议。关于武术散手正式提出"技击尚处于实验阶段，要逐渐积累经验。对待技击的开展要采慎重稳妥的态度"，同时又提到："关于武术技击，目前限制在一定的范围内进行"。从此确定了武术散手应本着"积极、慎重、稳妥"的精神发展。

（7）1987 年，在全国武术对抗性项目表演赛中，采用设台比赛的办法。

（8）1988 年 9 月，在兰州举行了第一次设台比赛，从而确定了武术散手以擂台形式进行比赛。

（9）1989 年，《武术散手竞赛规则》颁布、实施，散手被批准列为体育正式竞赛项目。

（10）1989 年 10 月 20—28 日，首次全国武术散手擂台赛在江西宜春市举行，这是散手项目首次正式比赛，标志着武术散手进入了新的发展阶段。

（11）1990 年 10 月，国家体委颁布《武术散手运动员技术等级标准》，将散手运动员分为武英级、一级武士、二级武士、三级武士 4 个等级。

（12）1990 年，经过考核，由国家体委批准了第一批国家级武术散手裁判员名单。

（13）1991 年，在河南焦作召开了第一次全国武术散打工作会议，确定了武术散手的发展方向。会议主要解决了如下三个问题：①总结了 10 余年来，散手运动发展的历程，为的是承前启后，面向未来，继续群策群力为散手的进一步发展努力。②向大会通报散手已经列入全运会正式比赛项目。为下一步做好准备，在技术、思想、作风、武德等方面提出了明确的要求。③邀请过去 10 年试点工作中工作做得好，在教学、训练、科研、队伍管理等方面积累了丰富经验的单位，在会上做交流发言，让更多的运动队得到借鉴、少走弯路。①

（14）1991 年 10 月，在第一届世界武术锦标赛中，散手被列为表演项目。

（15）1991 年 11 月，在第三届亚洲武术锦标赛中，散手被列为表演项目。

（16）1993 年 8 月，第七届全国运动会武术比赛设散手项目，散手首次进入全运会，设男子团体金牌 1 块。1997 年，第八届全运会武术散手金牌总数增至 3 块，并分设大、中、小三个级别的比赛。2001 年，第九届全运会金牌总数增至 6 块，将散手运动员的体重分为 11 个级别。2005 年，第十届全运会金牌总数增至 9 块。2009 年，第十一届全运会金牌总数由原来的 9 块减至 5 块。

（17）1993 年 11 月，第二届世界武术锦标赛举行，散手第一次被列为正式比赛项目。

（18）1994 年 8 月，中华武术散手擂台争霸赛决赛产生出中华人民共和国建立以来第一个"武状元"。

（19）1994 年 12 月，在天津举行的第二次全国武术训练工作会议上，明确散手技术的发展要坚持"技法全面，实力为本，快、准、巧、变，落在实战"的技术发展原则，为散手技术的发展指明了方向。②

（20）1998 年，在泰国曼谷举办的第 13 届亚运会，散手成为正式项目。

（21）1999 年 6 月，在全国武术锦标赛上首次在护具上进行了改革，除护齿、护裆和拳套外，摘掉其他护具，使比赛更具对抗性、观赏性。

（22）2000 年 3 月，中国武术"散打王"争霸赛是武术竞赛体制改革和走向市场的重要一步。

（23）2001 年 7 月，第一届亚洲青少年武术锦标赛举行。

（24）2001 年 9 月，在上海卢湾体育馆举行全国首届女子武术散打邀请赛。

（25）2002 年 6 月，在大连举行全国武术散打锦标赛，首设女子项目。

（26）2002 年 7 月，首届世界杯武术散打锦标赛在上海举行。

（27）2003 年 11 月，在中国澳门举行第七届世界武术锦标赛，女子散打首次被列为比赛项目。

（28）2004 年 11 月，在第二届世界杯武术散打比赛中女子散手比赛首次被

---

① 杨祥全.现代武术史.武汉：长江出版社,2011：168.

② 昌沧.武术技术发展的里程碑——散记 1994 年全国武术训练工作会议.中华武术,1995(2)：9.

列入比赛项目。

（29）2006年2月，在重庆市举行首届国际武术搏击争霸赛。俄罗斯选手穆斯里穆夺得"KFK超霸王中王"桂冠。

（30）2009年7月，国家体育总局武术运动管理中心、中国武术研究院、中国武术协会在郑州专门召开了全国武术"散手"与"散打"名称项目属性的论证会，通过专家们的集思广益，在统一意见的基础上，决定武术人体徒手对抗项目采用"武术散打"这个概念。

3．功法运动

（1）2004年11月20—21日，在广东省佛山市举行首届全国武术功力大赛。

（2）2005年11月25—28日，在广东省深圳市举行第二届全国武术功力大赛。

（3）2006年11月30日—12月1日，在河南省郑州市举行第三届全国武术功力大赛。

（4）2007年10月12—15日，在徐州师范大学举行全国武术功法论坛暨2007年全国武术功力竞赛项目教练员、裁判员资格培训班。

（5）2007年12月24—28日，在广州体育学院举行第四届全国武术功力大赛。

（6）2008年11月2—5日，在浙江省宁波市举行第五届全国武术功力大赛。

（7）2009年11月1—3日，在山东省淄博市举行第六届全国武术功力大赛。

（8）2010年12月11—12日，在河南大学举行第七届全国武术功力大赛。

4．武术研究

（1）1981—1985年，一系列的武术杂志创刊，较快地推动了武术的发展、传播、推广与研究工作。如《武术健身》（1981年创刊）、《武林》（1981年创刊）、《少林与太极》（初名《汴梁武术》，1982年创刊）、《中华武术》（1982年创刊）、《精武》（1982年创刊）、《武魂》（1984年创刊）、《武当》（1985年创刊）、《搏击》（1984年创刊）等。

（2）1882年，全国武术工作会议明确指出："必须加强武术的科学研究和理论建设"。

（3）1983—1986年，经过国家武术研究院三年的武术挖掘整理工作，查明了"源流有序、拳理明晰、风格独特、自成体系"的拳种129个，全国各省（市、自治区）编写的《拳械录》和《武术史志》等651万多字，录制70岁以上老拳师艺394.5小时，共征集文献资料482本、古兵器392件、实物29件，丰富了武术文物资料库。①

①　国家体委武术研究院.中国武术史.北京：人民体育出版社，1997：447.

（4）1984年，国务院批准设立武术硕士学位。

（5）1963年，北京体育学院开始招收武术专业研究生，首批录取张广德和孟照祥2名硕士研究生。

（6）1978年，北京体育学院恢复招收武术专业研究生，录取林柏源、康戈武、郭志禹、冯胜刚等4名硕士研究生。

（7）1986年，成立了中国武术研究院。

（8）1987年，首届全国武术学术研讨会召开，并成立了中国体育科学学会武术分会。

（9）1996年，国务院授予上海体育学院武术博士学位授予点。这标志着传统武术已步入现代学科的殿堂，成为能培养高层次研究人才的专门学科。1997年，上海体育学院开始招收武术博士研究生，第一届录取周伟良、田金龙2名博士研究生。

（10）2004年，《搏击·武术科学》成为全国唯一一本关于刊登武术学术论文的专业期刊。

（11）2009年12月22日，国家武术研究院在北京人民大会堂举行国家武术研究院专家委员会成立暨首批专家聘任仪式。（首批专家人员包括：张文广、蔡龙云、马贤达、习云太、夏柏华、门惠丰、吴彬、张山、江百龙、邱丕相、庞林太、陈昌棉、杨振铎、梁以全、吕紫剑、刘鸿雁、陈顺安、康戈武等18位专家。）

（12）2013年11月15日，国家武术研究院在河南大学成立国家武术研究院青年学者委员会暨首批青年学者委员会聘任仪式。（首批聘任11位委员：马文国、马剑、马世坤、李士英、李朝旭、杨祥全、赵斌、姜娟、洪浩、郭玉成、高楚兰。李士英、洪浩、高楚兰为主任委员。）

第二节　武术概念的演变

恩格斯说过，一门科学提出的每一种新见解，都包含着这门科学的术语的革命。术语是概念的名称，概念是理解和表达术语的内容，没有术语就没有概念，没有概念，人们就无法去思考，也不会有科学。一切科学都是由概念组成的理论体系，而概念是构成人类思维的"逻辑细胞"，是思维的基本单位。所以，为了深入地理解武术，首先要明确武术概念，了解每一个时期的武术概念。

一、"武术"一词出现

"武术"一词最早见于南朝梁武帝长子萧统所编的《文选》中,颜延年的《皇太子释奠会作诗》中提到:"偃闭武术,阐扬文令。"其意思是说:"停止武戡,发扬文治",可见这里的武术是指军事。但中国古代历代通用的还不是"武术"这一名称,直到清末民初时,才开始得到日益广泛的应用。在 1908 年 7 月的《东方杂志》第 6 期上引载了 7 月 12 日《神州日报》的一篇文章,其名曰"论今日国民宜崇旧有之武术"。马良编的武技锻炼法,名为"中华新武术"。1915 年,陆大谔在《申报》上发表《冯婉贞》一文,其文提到咸丰时冯婉贞"自幼好武术"。可见,这一时期所提到的"武术"的含义已不是军事技术,而是一种民族传统体育运动。1926 年便正式定名为"中国武术",并简称"国术"。"国术"这一名称在我国台湾地区以及某些国家和地区的华人、华侨中仍沿用。1949 年中华人民共和国成立后,又将其明确称之为"武术"①。随着不同历史时期社会环境和人们实践与思维的变化,人们对武术概念的认识也有所不同。

二、武术概念之演变

以下仅对 1926 年正式定名为"中国武术"后,人们在不同时期对武术概念的定义做一介绍:

(1) 1932 年,《国民体育实施方案》一文中认为:"国术源于我国民族固有之身体活动方法,一方面可以供给自卫技能,一方面可作锻炼体格之工具。"②

(2) 1943 年,《中央国术馆成立十五周年纪念宣言》中说:"民族体育者,即我国固有之武术也! 源远流长,体用兼备,不独在运动工具相当之价值,且对于自卫上有显著之功效。"③

(3) 1957 年,《关于武术性质问题的讨论》一文中认为:"武术是民族形式体育的内容之一,具有健身、技击、艺术的成分,它可锻炼身体,提高身体素质、增强思想品质,为社会主义建设事业服务。也有人提出武术即是技击。"④

(4) 1961 年,《武术本科讲义》认为:"武术是以拳术、器械套路和有关的锻炼

---

① 中国武术百科全书编撰委员会.中国武术百科全书.北京:中国大百科全书出版社,1998:序言.

② 体育(第一卷),第 9 期.

③ 吴文忠.中国体育发展史.台北:三民书局,1981.

④ 体育文丛,第 5 期.

方法所组成的民族形式体育,它具有强筋壮骨、增强健康、锻炼意志等作用,也是我国具有悠久历史的一项民族文化遗产。"①

(5)1978年,《武术》教材认为:"武术是将踢、打、摔、拿、击、刺等攻防格斗动作作为素材,按照攻守、进退、动静、疾徐、刚柔、虚实等矛盾的相互变化的规律编成徒手和器械的各种套路,它是一种增强体质、培养意志、训练格斗技击的民族形式体育运动。"②

(6)1982年,《大百科全书》认为:"武术又称国术或武艺,中国传统体育项目,其内容是把踢、打、摔、拿、击、劈、刺等动作按照一定规律组成徒手的和器械的各种攻防格斗功夫,套路和单势练习,是中国人民在长期的社会实践中不断积累起来的一项宝贵的文化遗产。"③

(7)1983年,《武术》教材认为:"武术是以踢、打、摔、拿、击、刺等技击动作为素材,遵照攻守进退、动静疾徐、刚柔虚实等规律组成套路或在一定条件下遵照一定的规则两人斗智较力形成搏斗,以此来增强体质、培养意志、训练格斗技能的体育运动。"④

(8)1988年,《武术》教材认为:"武术是以一种动作为主要内容,以套路、格斗、功法为运动形式,注重内外兼修的中国传统体育项目。"⑤

(9)1989年,《武术》教材认为:"武术是以技击为内容,通过套路、搏斗等运动形式来增强体质、培养意志的民族传统体育。以踢、打、摔、拿、劈、刺等攻防动作组成徒手与持器械的套路和对抗性运动。"⑥

(10)《中国武术实用大全》中说:"武术是以中国传统文化为理论基础,以徒手和器械的攻防动作为主要锻炼内容,兼有功法运动、套路运动、格斗运动三种运动形式的体育项目。"⑦

(11)1991年,《武术》教材认为:"武术以技击为主要内容,以套路和格斗为

---

① 体育院校教材编审委员会武术编选小组.武术本科讲义.北京:人民体育出版社,1961:1.

② 体育院、系教材编审委员会《武术》编写组.武术(上册).北京:人民体育出版社,1978:1.

③ 中国大百科全书总编辑委员会《体育》编辑委员会,中国大百科全书出版社编辑部.中国大百科全书·体育.上海:中国大百科全书出版社,1982.

④ 全国体育学院教材委员会.武术(上册).北京:人民体育出版社出版,1983:1.

⑤ 全国体育学院教材委员会.武术.北京:人民体育出版社出版,1988:1.

⑥ 全国体育学院教材委员会.武术.北京:人民体育出版社出版,1989:1.

⑦ 康戈武.中国武术实用大全.北京:今日中国出版社,1990:2.

运动形式,注重内外兼修的中国传统体育项目。"①

(12) 1996 年,《武术》教材认为:"武术是以踢、打、摔、拿、劈、刺等攻防动作组成徒手与持器械的套路和对抗性运动。"②

(13) 2000 年,《武术》教材认为:"武术以技击动作为主要内容,以套路和格斗为主要运动形式,注重内外兼修的中国传统体育项目。"③

(14) 2003 年,《中华民族传统体育概论高级教程》中说:"武术是以技击为主要内容,以套路和格斗包括功法练习为活动形式,注重内外兼修的中国传统体育项目。"④

(15) 2004 年,《中国武术教程》中说:"武术是以攻防技击为主要技术内容、以套路演练和搏斗对抗为运动形式、注重内外兼修的民族传统体育项目。"⑤

(16) 2005 年,《武术》教材认为:"武术以技击动作为主要内容,以功法、套路和搏斗为主要运动形式,注重内外兼修的中国传统体育项目。"⑥

(17) 2009 年 7 月 8—11 日,国家体育总局武术运动管理中心在河南省登封市召开"武术定义与武术礼仪标准化研讨会",在会议上明确统一了武术的新定义:"武术是以中华文化为理论基础,以技击方法为基本内容,以套路、格斗、功法为主要运动形式的传统体育。"⑦

第三节　武术的内容与分类

中国武术的内容博大精深,形式丰富多样,流传至今的具有完整体系的拳种就有 129 个。按其运动形式,可分为功法运动、套路运动和搏斗运动(见图 1-7);按其价值功能,可分为攻防技击武术、艺术表演武术和健身养生武术(见图 1-8)。武术因其性质和表现功能的不同,能满足人们的不同需要。

---

① 全国体育学院教材委员会.武术(上册).北京:人民体育出版社出版,1991:2.

② 全国体育学院教材委员会.武术.北京:人民体育出版社出版,1996:1.

③ 蔡仲林,周之华.武术.北京:高等教育出版社,2000:1.

④ 周伟良.中华民族传统体育概论高级教程.北京:高等教育出版社,2003:67.

⑤ 全国体育院校教材委员会.中国武术教程.北京:人民体育出版社,2003:4.

⑥ 蔡仲林,周之华.武术.北京:高等教育出版社,2005:1.

⑦ 杨祥全.现代武术史.武汉:长江出版社,2011:243.

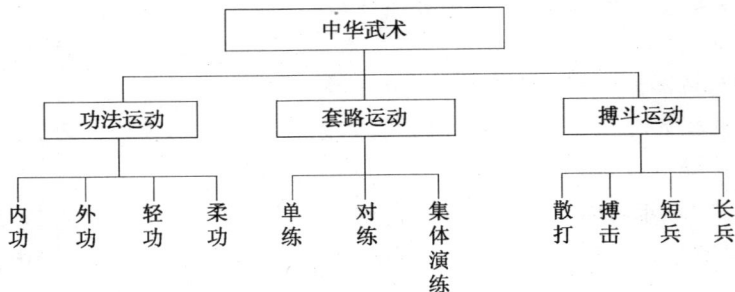

图 1-7　武术内容按运动形式分类

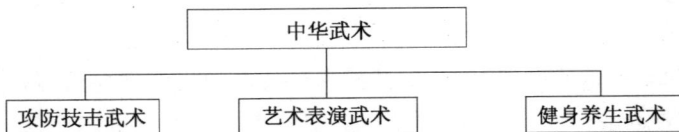

图 1-8　武术内容按价值功能分类

一、功法运动

功法运动是以单个动作为主进行练习,以达到健体或增强某方面体能的运动,例如内功、外功、轻功、柔功等。

二、套路运动

套路运动是指以技击动作为内容,以攻守进退、动静疾徐、刚柔虚实等矛盾运动的变化规律为依据编成的组合及整套练习形式,主要分为单练(拳术和器械)、对练和集体演练。

(一) 单练

单练是单人演练的套路,主要包括拳术和器械。

(1)拳术是指徒手练习的套路运动。拳术种类众多,如长拳、南拳、太极拳、少林拳、形意拳、八卦掌、通背拳、象形拳、地躺拳、八极拳等。

(2)器械是指手持武术兵器进行练习的套路运动。器械分为:长器械(枪、大刀、朴刀)、短器械(刀、剑)、双器械(双刀、双剑、双钩、双戟)、软器械(三节棍、九节鞭、流星锤)等。目前,武术竞赛套路的器械有刀、枪、剑、棍等。

(二) 对练

对练是指在单练基础上,两人或两人以上,在预定条件下进行的假设性实战演练。对练主要分为徒手对练(对打拳)、器械对练(对剑、对辊、单刀遣枪等)和徒手与器械对练(空手夺刀、空手夺枪、空手破双枪等)。

(三) 集体演练

集体演练按照竞赛规则规定,分为 6 人以上徒手、器械或徒手与器械的集体演练形式。演练时可随意变换队形,可用音乐伴奏,要求队形整齐、动作协调一致。

三、搏斗运动

搏斗运动是两人在一定条件下,按照一定的规则进行斗智、较力、较技的实战练习形式。目前,武术竞赛的项目有散打、推手、短兵等。

(一) 散打

散打是指两人按照一定的规则使用踢、打、摔等方法制胜对方的竞技项目。

(二) 推手

推手是指两人按照一定的规则,使用掤、捋、挤、按、采、挒、肘、靠等手法,双方粘连黏随,通过肌肉感觉判断对方的用劲,从而借劲、发劲,将对方推出,以此决定胜负的竞技项目。

(三) 短兵

短兵是指两人手持一种特制(用藤、皮、棉等材料制成)的短器械,在直径 16 市尺的圆形场地内,按照一定的规则,使用劈、砍、刺、崩、点、斩等刀或剑的方法来进攻对方,以此决定胜负的竞技项目。

(四) 长兵

长兵是指两人手持一种特制(用藤、皮、棉等材料制成)的长器械,按照一定的规则,使用劈、挑、崩、砸、拦、拿、扎等技法来进行对抗,以此决定胜负的竞技项目。

第四节 武术的特点与作用

一、武术的特点

(一) 拳种众多,风格多样

拳种众多,风格多样是中国武术的一大特色。根据国家武术研究院 1983—1986 年的武术挖掘整理资料显示:"源流有序、拳理明晰、风格独特、自成体系"

的拳种 129 个①,再加上 20 世纪 60 年代创编的木兰拳,目前已有拳种 130 个。武术流派是由历代拳师在演练过程中形成了不同的技术特点风格后,而创立的流派。武术流派的发展大致有三种情况②:①类同合流,壮大拳派。如传统的少林拳派。②繁衍支系,发展拳派。如传统的各式太极拳。③融合诸家,创立新派。如蔡李佛拳、五祖拳以及形意拳、八卦拳等。以太极拳为例,自陈王廷创陈式太极拳始,外姓人杨露禅将其带到北京,根据需要创编杨式太极拳,从而不断繁衍发展,到目前为止得到广泛认同与流传的已有陈、杨、武、吴、孙、和等几大太极拳流派,他们在遵循与保持太极拳基本相同的技术方法和运动特点的同时,又在动作、套路、风格等方面各成一体,体现出一定的个性、风格、特点,甚至不同习练个体在技艺水平达到一定程度之后,也能在综合前人技术风格的基础上,进一步凸显出自己的个性特色。武术拳种与流派的多样、技艺与表演风格的不拘一格,在一定程度上增加了武术技术规范化与标准化的困难,不利于武术开展大众化与规模化的教学、实现标准统一的技术评判。但这种现象在某种程度上也符合武术技艺本身传承与发展的内在规律,更重要的是这种武术景观的出现极大地丰富与满足了人们多样的审美需求。舞台上武术节目的编排、影视作品中各种武术桥段的设计、体育比赛场上竞技武术套路与传统武术套路的交相辉映等都极强地冲击着人们的视觉感官,带给人们丰富的审美享受。但武术表演上的出新出彩显然都离不开武术已拥有的庞大的拳种与流派资源库的支援。

(二)技缘形生,法依攻防

武术套路的动作是具有攻防技击含义的动作,这表明其动作取材于真实的技击实践活动。有学者指出:"传统武术是中国古人千百年实战实践的经验与规律的总结。"③但武术套路的动作又不能等同于还原为真实场景中实搏打斗时所运用的动作,而是按照一定的格式和运动规律进行了加工与重塑。其中"技缘形生,法依攻防"便是一条具有普遍性的重塑原则。这即是说武术技法离不开运用一定形态的身体部位和兵械部位去发挥攻防作用,要求动作符合发挥其一定形态的攻防性能,具有攻防含义,符合攻防变化的规律。④ 不论是徒手技法的运用(如拳、掌、勾、肘、腿等),还是对各种器械(如刀、枪、剑、棍等)的运用,都必须充分因循与发挥身体各个部位或器械本身所具有的规律与特征。例如,武术兵械

---

① 国家体委武术研究院.中国武术史.北京:人民体育出版社,1997:447.
② 全国体育院校教材委员会.中国武术教程(上册).北京:人民体育出版社,2003:14.
③ 程大力.论生态类型与传统体育.成都体育学院学报,2004,30(1):16-19.
④ 康戈武.中国武术实用大全.北京:今日中国出版社,1995:72.

中的戈、矛、枪等,因有锐尖之形,故形成了它们的刺、扎技法;刀、剑等,因有利刃,故形成了它们的劈、削、斩、抹技法。徒手拳术技法中"拳"主于冲击、劈扣,冲击只靠拳面完成;劈扣只能用拳轮、拳背、拳心等部完成。"掌"主于插、砍、拍、按,插只以掌尖完成。"勾"主于搂掳、啄击,搂掳只靠勾身完成;啄击只靠勾尖完成等等。[①] 正是通过对人的身体与不同器械规律的尽力发掘、认识与利用,中国武术才在历代武术人的亲身实践之上不断总结与提炼出了各种武术拳种套路的程式规范与技术特色。

(三)形神兼备,势正招圆

中国武术深受中国传统文化影响,其技艺本身已浸润了丰富的文化内涵,使其一出场就必然成为中国文化的一种符号象征。其中"形神兼备,势正招圆"的特征几乎在所有武术拳种中都有所体现,而这一特点的中国传统文化韵味无疑也是醇厚的。中国武术素有"外练筋骨皮,内练一口气"、"内练精气神,外练手眼身"、"炼有形者(外),为无形(内)之佐;培无形者为有形之辅"的说法。在这里,"筋骨皮"、"手眼身"之类就是"形"的具体体现,它们是人体肢躯及其构成的静姿和动态等可见的、外显的"形";"精气神"之类则是人体的意识、气息、劲力等无形的生理机能的具体体现,它们一般是潜隐的、内在的。几乎所有武术拳种都注重从内与外、形与神的双向互动中着手进行训练,以期达到形神兼备的整体演练风貌。而"势正招圆"则可视为武术形神兼备的一种整体的具体体现。"势正"之"势"主要指"体势",此"体势"与身体外形密切相关,但又不拘泥于单纯的"外形",而是在"形"中蕴含有内在的劲力,是内外合一所形成的一种整体的静态或动态的身体形态,在任何一门拳种中,这种整体的身体形态都要求中正、方正,即使是"斜中也要寓正"。"招圆"的"招"指武术最小的动作单元;"圆"不仅指身体动作与身体外形的圆或弧形,运动轨迹的螺旋缠绕、走弧线、盘旋等,更有内在劲力的"曲蓄",神意的圆满、圆通之意。只要演练者能把拳术动作做到势正招圆,就能气势连贯,做到"势断意不断,意断神相连",使整套动作的势与势之间没有间隙,没有断接,一气贯通。比如"打虎势",是一个静止的姿势,从形式上说它和后面的动作已经中断了。而如果把眼神凝视着远方,心志活动具有伺机待动的意识,那么它和后面的动作就能从"意"上连接起来了。再如"弧形步转身腾空摆莲"这个动作,如果在向后转身时,头不向后摆,眼不向后注视,接连就做腾空外摆脚的动作,虽然是行步、转身、腾空、摆腿动作之间没有间歇停顿的现象,但严

---

① 康戈武.中国武术实用大全.北京:今日中国出版社,1995:72.

格说来这已失去了连贯。因为"转身摆莲"是个类似"回马枪"的动作。"弧形步"时，眼向后看，是表示骗敌深入，而后转身向对方施展了摆莲腿。"弧形步"和"转身摆莲"的连接，正是由这个"意"连接起来的。没有了这个"意"，摆莲腿就成了孤立的动作，气势就中断了。"心动形随"，心志活动也还起着动作连接的重要作用，要注意这一点。①

中国武术所追求的"势正招圆"与戏曲中的"字正腔圆"、舞蹈中的"形方动圆"、围棋中的"周天画地"、做人的"外圆内方"等具有异曲同工之妙。《孟子·离娄上》云："不以规矩，不能成方圆。"拳诀云："方中矩，圆中规，自中绳衡平均施，敛束相抱，左顾右盼，八面供心。"正是在不同场域具体的规矩绳墨之中，才能成就各种技艺与为人的圆与神。

二、武术的作用

（一）健身

在中国古代，尽管武术以技击功能为核心，但这并不代表它没有健身娱情的体育功能。《汉书·艺文志》中说："技巧者，习手足，便器械，积机关，以立攻守之胜也。"这里的"习手足"在当代著名学者马明达看来包含两层意思，其一是用"习手足"来概括一切徒搏技术，即一般所谓"便习武艺"；其二，是指掌握徒搏技术而从事的素质训练而言，即戚继光所谓"惯勤肢体，活动手足"。② 所以，早在汉代，人们就已经认识到了"手搏"在"击"之外所具有的强身健体的体育价值。三国时期的魏文帝曹丕是一位文武兼修的帝王，他从人学击剑，且自言"少好弓马"，其结果是"日多体健，心每不厌"，于此可看出习武活动给他带来的身心愉悦。兴起于清代的太极拳更是直接道出了"详推用意终何在？益寿延年不老春"的创拳目的，足见对武术所具有的养生与健身价值的高度重视与积极阐扬。中国武术素有"拳起于易，理成于医"之说，这表明武术与中医之间的密切关系。建立在中医理论基础上的武术主张内外兼修、阴阳平衡的锻炼方式，这样一种习练方式往往能够收到较好的健身效果。这一点也得到现代科学研究的一再证明。如"长拳类套路中的屈伸、回环、跳跃、平衡、翻腾、跌扑等动作，通过内在神情的贯注和呼吸的配合以及人体各个器官的积极参与，尤其是坚持基本功训练能加强人体肌肉力量，提高肌肉、韧带的伸展性，加大关节运动幅度，有效地发展柔韧性。"③而

① 蔡龙云.琴剑楼武术文集.北京：人民体育出版社,2007：69-70.
② 马明达.说剑丛稿.北京：中华书局,2007：52.
③ 蔡仲林,周之华.武术.北京：高等教育出版社,2009：17.

针对太极拳所具有的各种健身效果（如增强人体免疫力、降低血脂、缓解纤维性肌痛、延缓老年人平衡能力的下降等）所展开的各种实证研究更是层出不穷，美国国家健康研究所的科学家表示，"太极拳几乎没有缺点，没有任何副作用"①。

（二）防身

无论是武术套路还是格斗运动，都以技击动作为主要内容。古代的手搏、角抵、相扑之类的对抗性运动和现代的散打运动都以技击实搏为直接目标，它们所蕴含的丰富的技战术思想和所具有的防身御敌价值自然无可争议。现今的公安、军队、保安等还会开展一些擒拿、反擒拿、散打等之类的武术格斗训练，以此提高他们克敌制胜与防身自卫的能力。对于同样是由攻防技击含义的动作所组成的武术套路来讲，人们对它的技击与防身功能却颇多质疑。不过，以前人的观点来看，套路要发挥它的妙用，前提条件是"习演精熟"。明代程总猷在《耕余剩技·单刀法选》中说："以前刀法，着着皆是临敌实用，苟不以成路刀势。习演精熟，则持刀运用，进退跳跃，环转之法不尽。"②吴殳在《手臂录·枪法微言》中说："行著甚多，岂能尽练，得其精要者数法，可以称通微矣。多而生，不若少而熟也。数著既熟，旋旋加之，以迄神化。"③可见套路不在练多练少，而贵在习演精熟，真正把功夫练到自己身上，唯有此，才有可能发挥其变化多端的妙用，实现其自卫防身的价值。套路创立的初衷显然不在按章出牌式地机械运用，恰恰在于从有法走向无法、有形练至无形之后的灵活运用，这体现的是习练者的实践智慧。

（三）修身

中国武术，它除了具有养生、健身、防身功能外，更是一种教育、教化的手段，修身养性的方式，具有陶冶情操、化育人格的作用。司马迁在《史记·太史公自序》中说："非信廉仁勇，不能传兵论剑，与道同符；内可以治身，外可以应变，君子比德焉。"武谚云："未曾习武先习德。"这些都表明中国武术从来就不把单纯技艺的高超作为评判一个人武学修养深厚的标准，而是从道德、修养、技艺等多个角度加以整体考量。仅仅武艺高超，做人失败，只是赳赳武夫一个；唯有德艺双馨之人才会受人敬重。中国武术的技能（功法、套路、格斗）本身也有助于实现这样的价值目标。就套路来讲，在这种屈伸往来、俯仰合度、快慢相间的运动过程中，逐渐使习练者培养、化育与积淀出一种秩序井然、合度的心性品质。而且功法与

---

① 美国拟全国推广太极拳：称对健康几乎没有任何副作用. 重庆晚报. 2010-08-23.

② 马力. 中国古典武学秘籍录. 上卷. 北京：人民体育出版社，2005：97.

③ 马力. 中国古典武学秘籍录. 上卷. 北京：人民体育出版社，2005：263.

套路都注重"反求诸己"、向内求,倡导一种从自身出发的武术习练方法,主张在一种日新月异的积养功夫之中不断超越自己,追求"以小道通达大道"的价值旨归。这样一种追求在一定程度上已经使功法、套路自身具有了独立意义,不一定非得走向技击,这恰是其修身养性功能的最好体现。此外,崇尚"君子之争"的中国武术格斗运动也具有"宣勇气,量巧智……成壮夫,已勇快也"(《角力记》)的积极价值。

第五节　武术的文化内涵及其当代价值

中国武术不是单纯的搏击术,也不是简单的拳脚运动,它是中华民族智慧的结晶,是民族传统文化的体现,是世界上一种独特的"武术文化"符号。一般来讲,文化有狭义和广义之分:狭义的文化主要指人类社会意识形态及与之相适应的制度和设施;广义的文化指人类所创造的物质财富和精神财富的总和及其创造①。文化具有民族性特征,武术文化既是中国文化整体的有机组成部分,又自成完整体系,能全面贯彻、反映中国文化基本精神。对于文化结构的认识,学术界存在多种观点,借用颇为流行的"文化结构三层次"说,亦可以将武术文化形态的结构分为"物器技术层"、"制度习俗层"、"心理价值层"三个层次。其中,"物器技术层"是物质文化层面,它是武术文化形态的表层结构,它主要包括武术技术、武术器械、武术练功器具、场馆、服装等内容。它表现和展开的,是一种人物关系。"制度习俗层"是相对隐形的中间层,它主要包括武术组织方式、武术承传方式、武术教授方式、武术礼仪规范、武德内容、武术比赛方式等内涵。它表现和展开的,是一种人人关系。"心理价值层"是最内层或最深层的武术文化形态结构层,它主要包括武术文化形态所反映体现的民族性格、民族心理、民族情感等内容。② 这三个层次相互交融、相互成就,缺一不可,但在一定程度上我们可以说,物器技术层是武术文化形态结构的外显层,制度习俗层是中间层,心理价值层是核心层。在这里重点以武术文化形态结构的心理价值层中的几个重要维度的内涵予以简要分析与阐释,于其中我们也可以看到其不容忽视的当代价值与意义。

一、中国武术是中国传统文化"重和忌争"的代言人

中国武术,在中国古代主要由套路、功法、格斗三部分组成,其中武术套路是

---

① 卢元镇.体育社会学.北京:高等教育出版社,2010:91.
② 全国体育院校教材委员会.武术理论基础.北京:人民体育出版社,1997:27-28.

中国武术区别于他国武技的最鲜明之处。因为这种极富中国传统文化意蕴的身体语言表现形式，已从单纯的实用技击中超越出来，而具有了道德、审美与哲学高度的价值与意义。也就是说，在实用的基础上，还具有了"道"的维度，使人们在欣赏它时，不仅被这种"比真实的打斗更好看"的极具审美价值的表演活动所吸引，更重要的是惊叹于它通过形象的肢体语言动作恰到好处地诠释了中国传统文化中的太极、阴阳等高度抽象的哲学概念，折服于它所体现出来的那种"止戈为武，至武为文"的战争道义观念。武术套路中所体现出来的这些文化价值精神，尤其是"重和忌争"的精神在当下的国际政治关系中无疑是有积极意义的。在许多国外人士都对中国的崛起表示担忧时，中国武术套路作为中国文化的一种象征，在通过各种功夫电影和舞台表演形式传播到世界各地的过程中，潜移默化地向世人昭示着中国武文化中最重要的精神：重和忌争、和而不同的精神。这种精神与今天多极化的世界格局中所倡导的"双赢"、"共赢"精神是一致的。

二、中国武术是"自强不息"的民族精神的象征

尽管中国武术的核心价值理念是"重和忌争"，但同时，中国武术又不只是"徒支虚架，上阵无用"的花拳绣腿，尽管它不强调主动攻击别人，但当别人攻击你时，你却不能虚弱，你必须是在长期积淀的基础上随时蓄势待发，就像拉满弓的箭一样，不发则已，一发就一定要中"的"，给对手最致命的打击。而要能实现这样的目的，达到这样的效果，显然并非一朝一夕就能做到，它需要苟日新、日日新、又日新的"自强不息"的积养功夫。宋明理学家讲："工夫即本体，本体即工夫。""工夫"其实就是过程，踏踏实实地把过程走好了，结果也便自然而然，水到渠成。所以，拳谚云："功夫不到总是谜"、"功夫是练出来的"，这都充分说明中国"功夫"是一种践行功夫、实修功夫，长时间、甚至是一辈子毫无间断地习练与体悟才是保证其成功的不二法门。

除了积养功夫，中国武术"自强不息"的精神更鲜明地体现在不屈不挠的斗争精神上，这一点在近代民族危亡之际表现得最为顽强、也最有韧性。我们知道，近代以来中华民族饱受外族欺侮与蹂躏，中国功夫在那个特定年代就发挥着"尚武强国"的作用。它作为一种"强国强种"的最好手段重塑着中华儿女的体魄与灵魂，使我们民族在最黑暗的历史时期也依然没有失去希望与勇气，而是举国上下凝聚到一起去抗击那些欺凌我们的异族。中国武术人（如大刀王五、覃嗣同、霍元甲等）身上所折射出来的那种民族气节与爱国精神也激励着一代代中华儿女。

所以，正因为中国武术在长期的发展过程中已逐渐成为一种和中华民族的家国命运捆绑在一起的文化象征，成为激励中华民族奋勇前行的形象载体，我们

完全有必要在未来继续发扬光大武术身上所潜藏的这种"自强不息"的精神文化力量,无论是忧患年代,还是安乐年代,"自强不息"都是我们必须一直秉守的。唯有此,中华民族才会实现伟大复兴,中华文明也才会永不衰败。

三、中国武术是"厚德载物"的民族精神的体现

中国武术这种不断的"自新"与"自强"的过程并不是一种封闭与狭隘的"自我欣赏",而是始终像海纳百川一样,善于吸取着各种营养,不断地在原有基础上整合与熔铸出新的东西,这就是中国武术"厚德载物"的精神。纵观武术的整个发展历程,尽管它形成了蔚为壮观的武术套路门派与拳种体系,但所有武术人都认同的一点就是真正的武学大师一定不会故步自封,而是十分注重转益多师、融汇百家之后推陈出新。武术的拳种和门派如此众多,不可忽视的一个理由就是无数先辈们不断实践与创新的结果。正是因为武术身上体现了中国传统文化善于吸收与接纳外物的开放心态,使它在任何时候都主动地以实用理性的精神来重新整合资源,为自己寻求新的发展机会。这就是为什么即使到了当下,中国功夫依然能够以各种各样的功夫元素活跃在人们的视野中,使人们不得不惊叹于它的顽强生命力。

从中国武术身上我们所看到的这种"厚德载物"、善于吸收与整合新的文化资源的精神所带来的良好成效,这对中华民族的各种传统技艺与文化如何在现代社会中寻求新的发展机会与发展舞台都是具有启示意义的。时代在发展,我们的脚步不能停下,不能眼睁睁地看着优秀的传统文化在现代社会遭受覆没。我们唯一能做的就是为其注入新的能量,让传统与现代的因素在矛盾与碰撞中熔铸出新的东西,让其焕发出新的光彩。

四、"度的艺术":中国武术的实践智慧

中国武术讲"师傅领进门,修行靠个人",在这里,"师傅"是引路人,而要想成功,个人"修行"般的努力则是必不可少的。这就表明,要想真正练成中国功夫,仅只是对师傅动作的外观模仿是远远不够的,它还需要结合自身情况来不断摸索与整合,以期在自己身上实现那种一般人不具备的能力。因此,武术作为一种技能与技艺,它有强烈的实践品格,且这种实践不是盲目实践,而是需要智慧的实践,用赖尔的话来讲就是一种"knowing how"①(可译为"知道如何做",或者

---

① Gilbert Ryle. Knowing How and Knowing That. *Proceedings of the Aristotelian Society*, 1946(46):4.

"能力之知")。中国武术的习练是讲究"规矩"的,"规矩"对于每一个初学者来说是严格的,因为人们认为要练好中国武术入门引路须正,否则刚开始就学歪了,以后想改起来就不容易了。如陈氏太极拳的老架一路就好比书法中的正楷一样,是需要一招一式认真去"写"的。只有在具备基本的功架之后,才开始慢慢培养自己对每一个动作的身体感知与体会,此时可以根据自身的情况来进一步调试动作的最佳状态。武术动作的正确与否是需要内外两个维度、需要身心之间不断地互动、沟通与调试的,它具有永恒的追求空间,如何恰到好处地把握好其中的"度"显然是一个永无止境的亲身实践与求索过程。所以,武术这门技能与技艺真可谓是一种"度的艺术"。这一点也鲜明地体现在武术的规则之中。与现代体育比赛的那种严格的游戏规则相比,武术的规矩相对模糊,如"松肩、沉肘"之类,"肩松到什么程度"、"肘沉到什么程度",它需要不断地去摸索那最好的状态。正是因为中国人在练武过程中注重这种实践理性精神,他们也才体会到了"一层深一层,层层意无穷"的美感。

中国武术习练时所注重的这种普遍性与特殊性的统一的实践智慧,无疑是很宝贵的经验财富,唯有此,才会真正找到适合自己的路径与方法,也才会真正掌握某种能力与技艺,也才会产生真正的创新性成果。对于中国人来说,这种实践智慧可以说体现在方方面面,其中最大的莫过于佛教传入后所产生的禅宗,以及马克思主义传入后不断中国化所产生的一系列巨大社会效应和理论成果。

中国之所以能在近代以来的民族危机中走出来,又能够在几十年的改革开放中取得巨大成绩,这都得益于我们在学习各种先进文化与文明时,不是盲目模仿与生搬硬套,而是始终坚持与中国的实际情况结合起来灵活运用,并不断地综合中国的传统文化资源来实现综合创新。如今我们已经初步形成了一条有中国特色的发展之路,被许多人誉为"中国模式"。"模式"二字表明我们已基本构建起了一套行之有效的完整的理论与实践体系,但显然它不是僵死的,而是开放的,是随着改革实践的推进而不断修改与完善的。中华民族要实现伟大复兴,就需要进一步发挥中国功夫和中国传统文化中所蕴含的这份宝贵的实践智慧,需要在各种实践活动中继续发挥自己的聪明才智,正如习总书记所说的:"空谈误国,实干兴邦"。

五、武术即生活,幸福在当下

在中国传统社会,许多武术人的生活即练武、练武即生活,二者交融在一起,是相辅相成的关系。如少林和尚"吊"起来睡觉、在条凳上睡觉,拔萝卜、上台阶、打扫院子、担水砍柴都是练功。这也就是少林武术所谓的"禅武合一",习武就是悟禅，生活的存在意义就在这无所不在的生活化习武过程中得以开显。正如伽达默尔所说："每一个体验都是由生活的延续性中产生，并且同时与其自身生命的整体相联。"①杨国荣说："与生命存在的融合，使体验扬弃了抽象、外在的形式；与生活过程的联系，则既使体验获得了现实之源，也使之呈现过程性。以生命存在与生活过程的统一为本体论的背景，体验超越了静态的形式，展开为一个在生活、实践过程中不断领悟存在意义的过程。"②可见，正是将武术生活化，使生活与习武不可分割地融合在一起，极大程度地扩大了武术的习练场域，从而使对习练武术的体验获得了丰富的现实之源，也使习武过程本身成为一个不断领悟生活与生命存在意义，即体道、悟道、证道的过程。

在当今社会，当我们看到几十年的改革就取得了如此巨大的成效时，我们也不可忽视这种速变过程中可能存在的弊病与不足。其中一点就是要看到当代社会中，存在一种"以身为殉"的工具理性至上的风气，将人生的价值意义等同于单纯的物质生活，将幸福狭隘化为实现某些物质利益后的短暂快感；甚至某一部分人为了追逐更好的物质生活，不惜以牺牲自己的身体为代价，这些显然都是不健康的。所以，在今后的改革与发展中，倡导一种更加稳健的发展速度，培养一种更加健康的生活方式，让人们不仅关注追求的目标，也要学会享受追求理想过程中所经历与体验到的各种生活与人生乐趣，让梦想与现实、目标与生活之间形成良性互动。这样，不仅获得了我们生存所需的各种物质利益，也让幸福与生命的价值意义在这一过程中得到了不断开显。

以上我们从"贵和忌争、自强不息、厚德载物、实践智慧、回归生活"几个方面重点谈到了中国武术的文化精神与文化内涵，这其实也是整个中国文化与中华民族所具有的优秀文化精神，它将贯穿于我们实现中华民族伟大复兴的"中国梦"的整个历程中，也将体现在纷繁复杂的各种经济、文化与政治的具体领域与具体活动中。当时代发展到今天，当我国已成长为世界第二大经济体时，这些武术文化精神与民族文化的精华依然一点也不过时，甚至十分重要，唯有抓住了这些最本真的东西，才会保证中华民族永远屹立在世界的舞台上，才会保证我们真正实现中华民族的全面复兴。

---

① 伽达默尔. 真理与方法. 洪汉鼎译. 上海：上海译文出版社，1994：67.
② 杨国荣. 漫谈"体验". 中国社会科学报，2013-05-13(A06).

第二章　武术套路教学的原则与步骤

第一节　套路教学的原则与特点

一、套路教学的原则

根据传统武术教学和学校武术教学的一般规律,教师在套路教学方面应遵循以下六个原则:

(1)"教"与"学"相结合原则;

(2)因材施教原则;

(3)实用性与趣味性相结合原则;

(4)循序渐进性原则;

(5)理论与实践相结合原则;

(6)统一性与灵活性相结合原则。

二、套路教学的特点

(一)基本功贯穿于教学始终

武术普修课技术教学内容主要分为初级长拳第三路和罗汉十八手两个套路。那么,武术教学过程中的基本功练习就主要围绕这两个套路的技术要求加以设计与安排。也就是说,相应的武术基本功练习一定要紧扣这两个拳术套路的内容,可从这两种拳术套路中抽离出一些动作进行基本功训练。如长拳第三路出现了仆步穿掌、大跃步前穿这样的动作招式,那么基本功就可以涉及与这两个招式相关的动作进行练习。在本教材前半部分,我们已经将普修教材所需掌握的基本功(如手型、步型、手法、步法、腿法、肩功、臂功、腰功等)予以列出。在这里主要强调的是无论学生水平高低,对套路熟练程度如何,每次武术课堂教学中都不可忽视基本功的练习。同时,基本功一定要围绕本学期所教的教学内容而设置,这样教学效果才具有显著性。因此,将基本功、基本动作贯穿于武术教学的始终,是武术课堂教学内容安排的特点之一。

（二）注重直观教学,范例指导、领做为主的教学模式

武术套路教学必须注重直观教学,在初学阶段一定要以老师的范例指导和领做为主。原因有二:第一,武术套路的技能学习主要涉及内与外的问题,外涉及"手、眼、身法、步"等,内涉及"意、气、力"的配合,最终要在演练者身上体现出整体的和谐感,并彰显出一定的神采韵致与拳种风格特征。这种内外统一的整体习练离不开直观教学。第二,武术套路动作多、方向多变,一个动作的完成包括多个关键点,动作与动作之间以及势与势之间的变化也相当复杂。鉴于此,武术套路的教学也一定要以直观教学为主,教师反复在学生前面进行范例示范,并结合动作要领进行讲解,使学生逐渐掌握每一动作招式(势)的运动路线与关键点。除了老师示范与领做外,也可挑选出练得最好的学生站在第一排进行领做,教师则在巡察中给予指导与纠错。

（三）明确套路中动作的攻防含义,突出劲力

武术套路演练最终需要演练者能够体现出一种"顿足踏地,勃然战色"的"蹈厉"的精神,这就要求演练者必须明确套路中每招每式的攻防含义,也就是实战用法。只有演练者懂得招式的技击内涵,才能在其身上体现出一种内在"张力"。这种"张力"也就是所谓的武术"劲力",即内劲要充沛、劲力要顺达。教师可通过对套路中某些经典动作进行实战运用的示范与详细剖析,让学生真正明确动作的起止点、运行路线、着力点等,从而加强学生对劲力传导的路线与作用的具体理解,让动作遒劲有力,更具有攻防意向性。

（四）强调"形神兼备",突显不同拳种的风格特点

"形神兼备"、"内外合一"等是所有拳种套路都遵循的技术原则,教师要教会学生通过准确有力的外在动作,把内在的精气神表现出来。与此同时,不同拳种套路也有其个性风格特征,这就需要教师将不同拳种的风格特点与实践操练过程结合起来进行示范与讲解,以此加深学生对所学武术套路的印象。由于武术普修课程内容主要是长拳和少林拳等,所以教师要在教授过程中告知学生长拳与少林拳的风格特点,尤其是要让学生真正领会与掌握如何通过自己的动作身形与技击意识更好地诠释与表现其特征。

第二节　套路教学的阶段与步骤

一、套路教学的阶段

第一阶段：基础教学阶段，进行武术的基本功、基本动作、动作组合和基础套路的教学。

第二阶段：以初级长拳第三路的拳术为基础，要求学会动作，明确动作规格，掌握练习方法，发展专项身体素质，提高身体的适应能力。

第三阶段：在巩固第一、二阶段的基础上，学习和掌握传统拳术罗汉十八手的套路动作与实战用法。需注意的是，在这个阶段对传统拳术中招式的实战用法要详解，反复研修，明确每一招式的攻防含义，着重加强功法的练习。

第四阶段：在学生较为全面地学习与掌握套路技术的同时，要善于引导学生结合中国传统哲学、美学、医学、兵学等知识和现代人体解剖学、生理学、运动生物力学等学科知识来帮助分析与解释武术理论与实践中的各种问题，加深其对武术技能与文化内涵的深入理解与领会。

划分教学阶段只是为了便于教师更好地明确套路教学过程中所应解决的主要任务和主要内容，让其有一个大致可以遵循的教学操作路径。但这种划分显然不是绝对的，也不是可以机械遵循的。在实际教学过程中，阶段与阶段之间紧密相连，并不能截然分开，且教师要根据学生学习的具体情况做出灵活安排与调整。

二、套路教学的步骤

（一）明确动作的方向与路线

武术动作方向变化较多，且着力点也在不停地转换，所以武术教师在教初学者时只要让其知道每一个动作的大致轮廓、方向即可，至于身法、步型能否做到位，这对一个初学者来说暂且不用过多关注，关注过多反而容易造成"顾此失彼"的混乱状态。如初级长拳第三路中的"大跃步前穿"动作，初学者只要知道此动作是向上、向前跳起，同时双手变掌向前上方划弧至身体右侧，右掌变拳收回腰间，左掌立于身体胸右侧，整个身体落地成左仆步的路线轨迹即可。

（二）加强动作与姿势的规范性与准确性

此一阶段，要对学生的每一个动作进行认真、细致地纠正，按照"手眼身法步，精神气力功"等技术标准来进行规范。武术教师要不断地给学生进行分解示范，指出每一个动作的关键点，如让其体会每个动作的劲道、着力点等。同时武术教师要结合动作的攻防含义进行讲解，以此更好地校标动作。此外，要让学生把武术动作中的内在张力体现出来，还要加强眼睛随视与注视的训练，以此更好地增强动作的协调性与表现力。如初级长拳中的"弓步撩掌"，不仅要追求完成该动作后的弓箭步、前撩掌、后勾手、静止身法等动作的规范性与准确性，而且要力求过渡中的仆腿、搂手、身躯的前移、两脚的变动等动作的到位与准确。因此，此一阶段教师在教学中要不断地给学生进行口令提示，严格要求，让其逐渐对每一个武术动作形成正确的动力定型。

（三）注重动作的连贯性与节奏感

当学生基本能够正确地掌握每个动作姿势的技术要领之后，教师就要引导学生加强对整套动作连贯性的把握与节奏感的培养，提高其演练水平。教师要重点讲授与传授相关演练技能，如动作与动作之间、"势"与"势"之间如何实现劲力传导与自然过渡，如何体现动作与动作之间力量与速度的变化，如何使整套动作在抑扬顿挫、刚柔快慢之类的节奏变化中完成等。此阶段教学中教师的示范不再以分解动作教学为主，而更多的是充满生气的、完整连贯的动作示范，以培养学生的美感，提高其鉴赏与演练套路的能力。当然，在强调整套动作演练时的协调性、连贯性与韵律变化的同时，教师仍不能忽视对动作转换过程中各种细节问题的提示。只有把握好细节问题，将各种细节有机地整合到流畅的表演之中，才会进一步提高演练水平。

（四）反复习演，加强自我反思，突显风格

武术界中常说："学而不练，徒学也"，"学必练，练则熟，熟则久，久则灵，灵则神，灵则不虑而行，神则不期而应"。尽管前三个阶段的学习已为学生打下了较好的基础，但还需要教师进一步带领学生反复操习，在此过程中加强学生自我反思与自我纠错的能力，更好地让其实现身心之间、形神之间的协调与整合，体现出所学套路的技术风格特点，并形成一定的个人演练风格特征。

第三章　套路动作教学的组织与方法

第一节　套路动作教学组织

所谓教学组织形式,就是根据一定的教学思想、教学目的和教学内容以及教学主客观条件组织安排教学活动的方式。从学生的特点、教学内容、教师本身等三个方面入手进行组织教学,那么武术套路的动作教学组织同样要根据以上三个特点来进行具体的教学组织安排。

一、集体练习

集体练习较为适合教师领做或复习学过的动作。通常情况下,教师在队伍前面居中的位置进行套路演练示范(见图 3 - 1),学生在后面跟着练习,此时教师最好对每个套路动作的技术要领进行提示,以加强学生对动作的正确把握。当然,教师也可以用口令"1、2、3"来与示范动作配合起来进行领做,这样可使学生练习时保持动作整齐统一,加强对动作的熟练性掌握。教师处于巡视检查、纠正错误的角色(见图 3 - 2)。学生站好队形,听从教师口令来进行统一练习,在练习的过程中发现某个学生有动作错误要及时进行纠错,对 2 人以上的错误可叫停整个练习过程,集中队伍进行纠错,告诫其他学生在练习过程中不要犯同样的错误。同时教师还要找出动作错误的原因,并进行分析解释,亲自示范怎样克

图 3 - 1

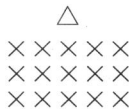

图 3 - 2

服这样的动作错误。在班级人数较多的情况下,也可让某些技能掌握不错的学生和教师一起充当巡视检查、纠正错误的角色。集体练习一般能够营造套路动作练习的良好氛围,增强学生学习武术的信心。

二、分组练习

分组练习这种教学组织形式一般是针对初学者或学完动作后巩固技术时所采取的练习形式。通常情况下 3～5 人为一组(见图 3-3),对初学者,教师可以根据学生自身的身体素质、协调性等来进行分组。对动作技术已基本掌握的学生,教师可根据其对动作的熟练程度来进行分组。教法上主要采取"因材施教"的方法,注重对每一位学生进行有针对性的纠错、指导。在分组练

△
×××××
△

图 3-3

习中,可在分组之前挑选出练习较好者作为该小组的组长,让其承担小组的纠错与指导任务,组织本组同学一起练习和相互切磋技艺。教师可轮流到各个小组进行巡视,发现问题及时纠正,针对学生具有共性的错误和问题,可以召集学生统一进行讲解、示范,统一练习几遍,然后再进行分组练习。

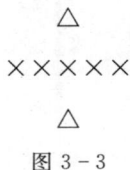

三、个人练习

一般情况下,个人练习适用于成员人数较少(低于 10 人)的班级,这样可以采取个人练习、个人授课。个人练习能消除学生对老师和同伴的依赖,使动作和思维结合,促使学生主动进行动作记忆。教师也可在学生练习的间歇时间里对个别学生进行指导与训练。由于武术项目自身的特殊性与复杂性,个别教学与个人练习都是十分必要的。民间拳师常说:"拳术技艺需要手把手传承,徒弟才能学得更好。"这句话充分说明武术这门技艺不但需要好教师来示范,同时还要好老师手把手地进行反复纠错,学生才能受益。尽管武术的个人教学与个人练习十分重要,但考虑到当前学校武术的现实境况,考虑到班级人数、师资力量等现实问题,这种个别教学和个人练习的教学形式还是很难大范围地实现。

四、比赛练习

以赛制促进教学质量的提高,这是学生们既喜欢又需要付出较多努力的练习方式。在教学的不同阶段,根据教学的任务和要求,以及学生的实际情况,可以制定出教学比赛的标准和要求,采用个人比赛、分组集体比赛、分组推选代表比赛等形式来进行教学比赛。这种教学比赛,可由教师评分,或者学生评议与教师评分相结合的方式来评定成绩。最后按照成绩评选出优秀学员和较差学员,

有针对性地对较差学员进行认真、细致的辅导,帮助其武术成绩走上班级中等水平。一般来讲,教学比赛能够提高学生之间的"竞争意识",使他们在学习过程中更有责任感,积极主动地提高自身武术技能水平;而参与比赛的过程与经历则能让他们获得一些表演与比赛的经验,提升其综合能力。

五、两人练习

对武术项目来说,两人练习是一种较好的组织形式。两人练习可以是两人站在一排进行演练的形式。这种练习形式有利于教师和其他同学区别他们的技能水平,更好地识别与认知某些动作的正误差异,从而提出更有建设性的指导意见。除此以外,教师教授武术动作实战用法时,也可以采取两人为一组的练习形式,以让他们相互配合,一攻一防,更好地提高其对武术动作攻防含义的理解。教师在组织学生武术动作实战练习时,要特别注意保护学生的安全,防止伤害事故的发生。一定要强调以"体会动作要领为主",而不是两人"斗狠"。此练习法也是对学生武德修养考察的一种方式。

第二节　套路动作教学方法

武术套路动作的教学方法是多样的,其中常见的也是不可缺少的教学方法大致有以下三种:示范法、讲解法、示范与讲解结合法。

一、示范法

示范是教师(或指定的学生)以准确、优美的动作为范例,向学生展示所要学习的动作形象、结构、要领、动作路线和方法的手段。示范法分为两种:一种为完整示范法,一种为分解示范法。那么,什么情况下采用完整示范法呢?一般来讲,在武术动作比较简单、方向变化不多、动作技术路线不太复杂的情况下,教师进行完整示范法。不过,通常情况下,在现实的课堂教学中不管动作是复杂还是不复杂,只要是教新动作,教师都需要在学生面前完整示范演练,主要是增强学生对新动作学习的印象,接着才能用分解法进行教学。那么,什么情况下采用分解示范法呢?一般是武术动作较难、路线复杂、方向变化多的情况下,教师采用分解示范法。教师可以一点一点地给学生示范,让学生能够看到武术动作路线过程中的关键点,加深学生对动作要领的把握与领会。

二、讲解法

人与人之间进行交流的最重要的工具便是语言,武术动作的学习自然也离不开教师的语言讲授与分析。如果不加讲解地一味机械示范,学生可能根本就不知道需要把握动作的哪些关键点,从而影响学习质量。武术教师所运用的讲解方法有"形象化讲解"(如"仆步穿掌"老拳谱叫"燕子抄水"等)、"口诀化讲解"(如讲弓步,口诀可为"前腿弓,后腿绷,挺胸、立腰、别晃动")、"单字化讲解"(讲"腾空飞脚",可把蹬地起跳、摆腿、提腰提气、拍手拍脚击响的过程归纳为"蹬、摆、提、拍"四个字)、"术语化讲解"(如"沉肩"、"寸劲"等)等。

三、示范与讲解结合法

此方法就是教师边做示范边讲解,对于初学者来说效果非常好!一般来说,对水平较低的学生而言,示范是主要的;对水平较高的学生而言,讲解是主要的。教师对某一动作进行示范,如在做"弹踢冲拳"时,既进行示范,又讲解弹踢冲拳的要领,如要注意绷脚面、靠小腿的弹力进行踢击、力达脚面等。在课堂教学过程中,一方面可以让学生静立观看教师对某个动作的示范与讲解,另一方面也可以让学生一边听讲解,一边模仿动作进行练习,这样反复进行多次,直至让学生对动作建立起一定的熟练感。如果教师发现班级里多数练习者有相同错误动作,就及时召集学生,对动作进行讲解与示范;也可以挑选出动作错误的同学进行示范,教师当场指出错误的地方,并讲出如何克服这样的错误;也可以再挑选出练得比较好的学生进行示范,与前一个错误的示范进行对比讲解,这样的教学针对性较强、效果显著。

四、如何进行示范? 怎么示范

示范主要包括示范位置和示范面的选择。

(一)示范位置

教师在课堂教学进行示范,首先要确定好自己的示范位置。教师只有确定好自己的示范位置,才能让所有的学生看清自己的动作路线、方向变化等。那么,如何确定示范位置?

首先讨论讲解示范位置的选择。具体组织如下:①如果您的班级人数不多,在 20 人以下,您可以采取学生排列成两列横队,教师站在两列横队的中间位置,也就是教师与学生队伍形成一个等边三角形(见图 3-4)。或者学生站成一个半圆弧形,教师在圆心中进行讲解示范,学生的视觉效果也好(见图 3-5)。

②如果学生超过 20 人或 30 人甚至更多,教师可以采取学生站成四列横队,教师站在四列横队前面的中间位置,不过此时的讲解示范,最好让前面两列横队的同学坐下或蹲下,以让后面两列横队的同学也能看清教师的示范动作(见图 3-6)。
③班级人数多时,学生站成四列横队,让前两列横队向后转,中间留出一定的空地,教师站在中间进行讲解示范,只不过教师需要多做几次示范动作(见图 3-7)。
总的来说,讲解时选取哪一种示范位置都要以"学生的视线"为中心,目的在于让所有的学生能够看到教师的示范动作。

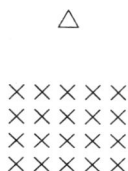
图 3-4

图 3-5

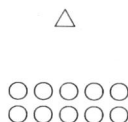
图 3-6

图 3-7

其次,除了讲解示范还有领做示范位置的选择。教师领做时的示范,使学生跟着老师一起活动,这样对于人数在 30 人以上或站立四列横队的班级都是不适合的,会造成总有一部分学生看不到教师的示范动作。因此必须采取轮换领做的方式,先进行分组,如前两列横队为一组,后两列横队为一组,轮换进行效果相对较好。当然,在进行轮换领做示范时,教师也可在班级队伍里挑选练习最好的学生在队伍前面进行领做示范,而自己承担巡查纠错的任务。

另外,领做示范者(教师或学生)要注意以下几个问题:①领做示范位置的选择,通常情况下位于学生队列的左前方,背对学生,与学生方向保持一致。如果遇到方向相反的动作,教师更换示范位置,总之领做示范者的运动方向始终与学生(练习者)保持一致。如领做初级长拳三路的整套动作时,要时刻考虑套路运行过程中路线、方向会发生改变,这时领做者(教师或学生)要善于灵活改变自己的位置,让学生更好地看清自己的动作姿势。②领做示范者的运动速度要与练习者对技术所掌握的熟练程度一致,如果学生对某一动作套路还不太熟练,领做示范者就应该慢些,让学生能跟得上,同时对学生的动作要求不要过高,领做者可对动作的要领、方向、路线等边领做边讲解,这样做对初学者来说效果会更好。随着学生对套路动作熟练程度的逐渐加深,领做示范者的速度要与武术套路演练的正常节奏保持一致,以便突显套路的风格特点。

(二)示范面

示范面主要包括正面、背面、侧面和镜面四种。一般来讲,宽面示范效果最好，既能让学生看到教师的示范动作，同时教师也能看到学生的动作。通常情况下，动作的示范面应该根据动作的结构特点来决定：①凡是身体侧向行进的动作，均可以镜面示范。②凡是身体正向行进的身体，均可以侧面示范。③不能进行镜面和侧面示范的动作，可以斜向示范，尽可能避免背面示范。④教师也可采用多个示范面，来展示武术动作结构。特别是对武术中某些复杂的动作进行讲解与示范时，或者需要对动作的不同部位进行强调时，都需要教师运用多个示范面加以演示，以便于学生对动作多个关键点的掌握。如初级三路中"大跃步前穿"的武术动作，跃步前穿之后的仆步动作，教师可以采取镜面示范，让学生能够看清左腿伸直铺地、左脚脚尖不能翘起、脚尖内扣等技术要领。为了让学生看清两掌在跃步前穿过程中的摆动路线，需要侧面进行示范。如果要让学生看清大跃步前穿后，右手、左手所放的位置，要进行正面示范。再以"步型中马步的动作"为例，为了让学生清楚两脚开立的宽度和脚尖正对的方向，可采用正面示范或镜面示范；要让学生看清做马步动作挺胸、立腰以及膝关节前跪不能超过脚尖，可进行镜面示范。

（三）示范速度

示范速度通常分为两种：一种是领做示范速度，一种是讲解示范速度。一般情况下，对于新教授的武术动作，领做示范速度要以慢示范为主，待学生对动作路线与技术要领较熟悉之后，可以加快速度，然后慢慢过渡到以套路演练的正常速度进行示范。就讲解性示范速度来讲，如果是教授新动作或者对学过的武术动作进行纠错，都要以慢示范为主；如果是提高动作质量，特别是对武术套路演练节奏的指导上，教师进行示范的速度必须以套路动作正常演练的速度为佳，主要是能让学生认识到这样的演练速度才能突显武术套路演练风格的特点。

五、如何进行讲解？怎么讲解

（一）讲什么

武术作为一种较为繁难的身体技术，如何有效地将其传授给学生，让学生学会并感受到武术项目的独特魅力，这不是一件容易的事。很重要的一点就是教师必须知道在传授技能时应该从哪些角度加以重点与深入阐述，哪些则只需要点到为止、简略带过，这也就是所谓的武术教师讲什么的问题。如凡是教师教授新动作时，如果学生观看示范动作之后，能够快速掌握的知识，可以不讲或少讲。而那些影响动作技术学习的关键点或学生最容易出错的地方，则需要教师认真剖析，让学生反复体会与比对，加深对动作要领的理解与运用的能力。

一般来讲,武术教师讲解的内容主要包括:①动作规范;②动作要领;③易犯错误;④攻防含义;⑤如何练习。需要注意的是,对这些知识的讲解都不能脱离动作的示范与动作的练习来单独讲解。因为武术首先是一种技能,只有在实践的基础上或者在实践的过程中贯彻相关知识的讲解,才会让学生体会真切,也才会对他们的学习真正起到辅助作用。

(二)如何讲

这里主要涉及教学的对象:①如果是初学者,那么教师就要慢讲,将整个动作的结构、路线都要讲清楚并做示范动作。②如果是复习、练习套路动作,这时对动作的讲解可以找出关键点予以强调,加强学生在练习过程中对这些知识点的注意与体会。③如果要对参加武术比赛的学生进行训练,武术教师讲解更加简练,有时候就是几个字的提示,让学生在演练过程中更好地内化与整合这些关键点。

(三)怎么讲

武术教师在具体讲解各部分内容时需要进一步注意明确以下几点:

第一,基本技法的讲解。先讲基本功与基本动作,然后再讲武术动作,某一节课中所用到的步型或手型最好在准备活动之中就进行讲解,不要放在基本部分的教学活动中。如"大跃步前穿"(初级长拳第三路的动作)中的"跃步"动作就可放在课堂准备活动部分进行讲解。

第二,动作要领的讲解。对动作要领的讲解主要是在学生学会动作之后而进行讲解的知识,目的在于让学生加深对动作的理解。所谓的"要领",就是每个动作的关键点,如果学生不注意这些关键点,做出来的动作要么不规范,要么失去了该动作的核心要素。因此,教师不但要讲,还要让学生记熟、记牢。如"格挡弓步冲拳",教师在教授时,边示范边讲解,左手格挡时要告诉学生要用左手腕外部的肌肤进行格挡,而不是手腕的内侧或前后侧等;同时,右冲拳时,后腿蹬直,脚尖内扣朝右前方,左腿膝关节向前顶起,不要超过左脚脚尖。

第三,易犯错误的讲解。教师在学生练习或复习套路动作的过程中,如发现动作错误须及时召集大家或个别进行讲解,目的在于巩固学生对动作技术的正确掌握。

第四,动作攻防含义的讲解。有时候学生会练不会用,或者不知道动作内涵是什么?为什么要这样练?想要搞清楚这些问题,教师就不得不对动作的攻防含义进行剖析,增强学生对武术动作的更高层次理解。如罗汉十八手中"马步冲拳",双方格斗姿势站立(右脚在前),当对手以右直拳攻击我时,我迅速用右手抓住对方右手腕往右牵引；同时，迅速上步于对手右腿外侧，出击左直拳打击对手右肋部，致使对手肋部受伤或倒地。注意此处的要点为：抓腕要准，快速上步，打击要狠，协调一致，一气呵成等。

第五，对于讲解深与浅的问题，须以学生学习情况为中心，进行"因材施教"。如对一些练得不太好的学生，要对他们重点讲解基本动作规格，而不要过于强调"意气神"之类较为深层的东西。对于学得较快与较好的学生，如果一味对他们讲解基本的东西，他们反而会感到厌烦。

第六，讲解要与示范相结合，教师要将讲解与示范结合起来，学生对动作的领会就会更加容易，更加深刻。

二 实践部分

第四章　武术基本功、基本动作

第一节　基本手型与步型

一、手型

（一）拳

1. 拳的结构

拳的结构包括：拳眼、拳心、拳面、拳背、拳轮等部分。如图 4-1 所示。

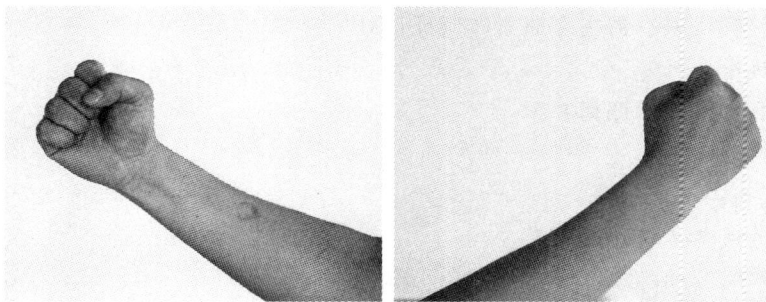

图 4-1

2. 动作说明

四指先并拢伸直,然后将食指、中指、无名指和小指的第二、三节指骨（有指甲的一节为第三节指骨）向内弯曲,再将第一节指骨向内弯曲,最后大拇指紧扣食指和中指的第二指节。

3. 动作要点

拳握紧,拳面平,腕平直。

4. 教学法

示范与讲解相结合。

5. 易犯错误及纠正方法

易犯错误：拳面不平、屈腕。

纠正方法：结合拳的攻防作用进行讲解与示范，反复练习。

二、掌

1. 掌的结构

掌的结构包括：掌心、掌背、掌指、掌根、掌外沿等部分。如图 4-2 所示。

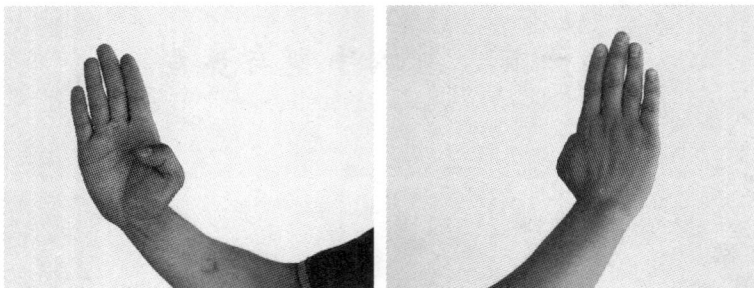

图 4-2

2. 动作说明

四指伸直并拢，拇指弯曲紧扣于虎口处。

3. 动作要点

掌面直立后翘，四指并紧。

4. 教学法

示范与讲解相结合。

5. 易犯错误及纠正方法

易犯错误：拇指不弯曲或拇指不紧扣。

纠正方法：结合掌的攻防作用进行讲解与示范，反复练习。

三、勾

1. 勾的结构

勾的结构包括：勾尖、勾顶等部分。如图 4-3 所示。

2. 动作说明

五指第一指节捏拢在一起，屈腕。

3. 动作要点

五指捏紧，腕关节用力回屈。

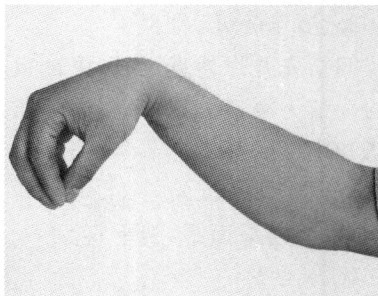

图 4-3

4．教学法

示范与讲解相结合。

5．易犯错误及纠正方法

易犯错误：松指、直腕。

纠正方法：结合勾手的攻防作用进行讲解与示范，反复练习。

二、步型

（一）弓步

1．动作说明

预备姿势（两脚并步站立，拳心向上，两拳抱于腰间），左脚向前上一大步（约为本人脚长的4～5倍），脚尖微内扣，左腿屈膝半蹲（大腿接近水平），膝与脚尖垂直。右腿蹬直，右脚脚尖内扣（斜向前方），两脚全脚着地，成左弓步。弓左腿为左弓步，弓右腿为右弓步。练习时，左右交替进行。如图4-4所示。

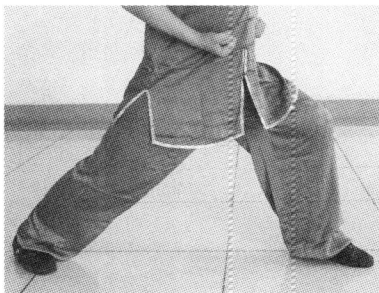

图4-4

2．动作要点

（1）前腿弓，后腿蹬。

（2）挺胸、塌腰、沉髋，前脚尖同后脚跟成一直线。

3．教学法

（1）按照弓步要求，逐步延长练习时间。左右腿交替进行。

（2）可结合马步进行马步与弓步之间转换练习，反复进行；也可以结合马步冲拳变换弓步冲拳，反复进行练习。学员较多时，可排列成横队进行练习。

（3）行进间弓步冲拳练习。如左弓步冲拳紧接着上步右弓步冲拳，连续进行，反复练习。学员较多时，可排列成纵队进行练习。

4．易犯错误及纠正方法

（1）易犯错误：后脚脚后跟拔起或外掀脚掌。

纠正方法：强调后脚脚后跟蹬地，后脚脚尖内扣等。

（2）易犯错误：后腿弯曲。

纠正方法：强调后腿挺膝和用力后蹬。

（3）易犯错误：弯腰或上体前倾。

纠正方法：强调头微上顶，下颌微收，挺胸、立腰、沉髋，目视前方。

（4）易犯错误：弓腿的膝盖未向前顶。

纠正方法：强调弓腿的膝关节向前顶，与脚尖保持垂直。

（二）马步

1. 动作说明

预备姿势（两脚并步站立，拳心向上，两拳抱于腰间），左脚左开一步（约为本人脚长的3倍），脚尖内扣正对前方，两腿屈膝半蹲（大腿接近水平），膝不超过脚尖，全脚着地。如图4-5所示。

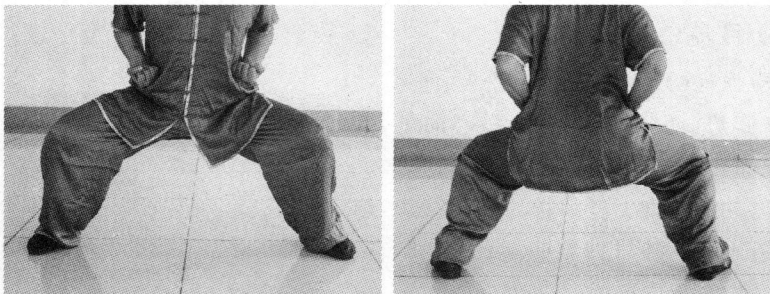

图 4 - 5

2. 动作要点

挺胸、塌腰、两脚脚后跟外蹬，身体重心落于两腿之间。

3. 教学法

（1）同弓步（1）~（2）。

（2）行进间马步架打练习。如上步做马步架打练习。

4. 易犯错误及纠正方法

（1）易犯错误：脚尖外撇。

纠正方法：两脚开立时，反复做内扣脚尖练习；也可以马步桩，强调两脚脚后跟外蹬。

（2）易犯错误：两脚距离过大或过小。

纠正方法：结合自身的脚长，量出三脚距离进行蹲马练习。

（3）易犯错误：弯腰跪膝。

纠正方法：刚开始可先手扶一定高度的物体做马步练习，但要注意挺胸、塌腰之后再下蹲，并且膝盖不要超过脚尖，保持垂直。

（三）仆步

1. 动作说明

预备姿势（两脚并步站立，两臂垂于身体两侧），左脚左开一大步，右腿屈膝全蹲,大腿和小腿靠紧,臀部接近右小腿,全脚着地,脚和膝外展,左腿挺直平伸,脚尖内扣,全脚着地,成左仆步,两眼目视左侧。仆左腿为左仆步,仆右腿为右仆步。如图4-6所示。

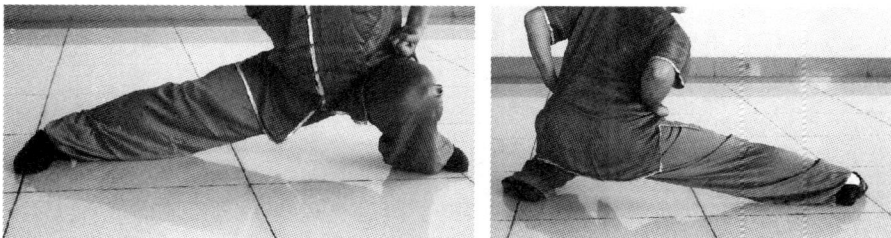

图4-6

2．动作要点

挺胸、塌腰、沉髋。

3．教学法

（1）先把姿势放高一些,再做正确动作;也可先手扶一定高度的物体进行仆步练习。

（2）行进间练习,可结合手法进行仆步穿掌。

4．易犯错误及纠正方法

（1）易犯错误:平仆腿不直,脚外侧掀起,脚尖上翘外展。

纠正方法:使平仆腿的脚外侧抵住固定物体(或墙壁),不让脚外侧掀起。

（2）易犯错误:全蹲腿的脚跟提起。

纠正方法:注意平时踝关节的活动,逐步增加踝关节柔韧性;强调腿平铺时沉髋、拧腰等。

（3）易犯错误:上体前倾。

纠正方法:挺胸、塌腰后再下蹲成仆步。

（四）虚步

1．动作说明

预备姿势(两脚并步站立,两臂垂于身体两侧),右脚斜向前,屈膝全蹲(大腿接近水平),全脚着地;左腿提起,向前脚尖虚点地面,脚跟离地,脚面绷紧,左腿微屈,重心落于后腿上,两手叉腰,两眼平视前方。左脚在前为左虚步,右脚在前为右虚步。如图4-7所示。

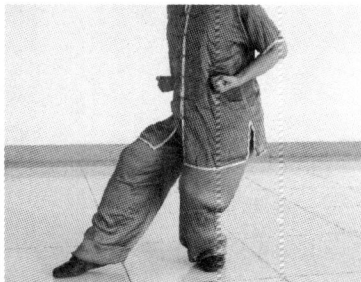

图4-7

2．动作要点

挺胸、塌腰、虚实要分明。

3．教学法

(1) 同弓步(1)～(2)。

(2) 可接合手型、手法练习。如五步拳中的"虚步挑掌"、三路长拳中的"虚步挑拳"。

4．易犯错误及纠正方法

(1) 易犯错误：虚实不清。

纠正方法：前脚先不着地，等支撑腿下蹲后再以脚尖虚点地面成虚步。

(2) 易犯错误：后腿蹲不下去。

纠正方法：可做单腿屈蹲或双腿负重屈蹲练习，反复进行。

(3) 易犯错误：上体前倾。

纠正方法：头微上顶，下颌微收，挺胸、塌腰，目视前方，然后再虚脚点地。

(五) 歇步

1．动作说明

预备姿势(两脚并步站立，拳心向上，两拳抱于腰间)，两腿交叉屈膝全蹲，左脚全脚着地，脚尖外展，右脚脚跟离地，臀部坐于小腿上，接近脚跟，成左歇步。同时，两手抱拳于腰间，眼向左前方平视。右脚在前为右歇步。如图4－8所示。

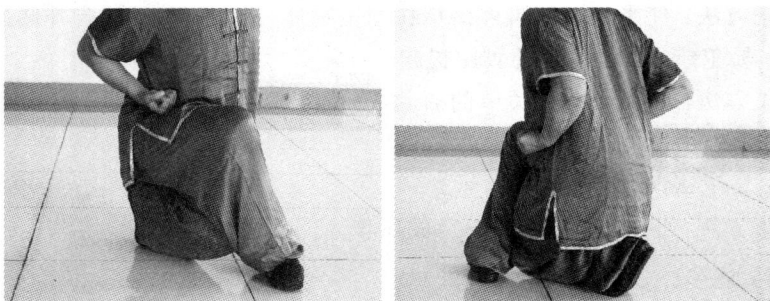

图4－8

2．动作要点

挺胸、塌腰、两腿靠拢并贴紧。

3．教学法

(1) 同虚步(1)～(2)。

(2) 可接合手型、手法练习。如五步拳中的"歇步盖打"、三路长拳中的"歇步抡砸"。

4. 易犯错误及纠正方法

（1）易犯错误：两腿贴不紧。

纠正方法：强调后腿贴紧前腿外侧，同时要注意平时加强膝与踝关节柔韧性的练习。

（2）易犯错误：动作不稳。

纠正方法：前脚脚尖要充分外展，两腿贴紧，臀部坐于小腿上，接近脚跟。

第二节　基本功与基本动作

一、肩功

（一）压肩练习

1. 正压肩

（1）动作说明。

练习者面对肋木（或室内压腿杠），两脚开立，与肩同宽，距离肋木约身高一半距离（见图 4 - 9）；两手抓握肋木，两手间距与肩同宽（或稍窄或稍宽等）（见图 4 - 10）；上体前俯（挺胸、塌腰、收髋）并做一上一下肩部振压动作，或动作缓慢进行使肩关节着力点向下沉压，静止保持一定时间，再使肩部上起，继续缓慢向下压（见图 4 - 11）。

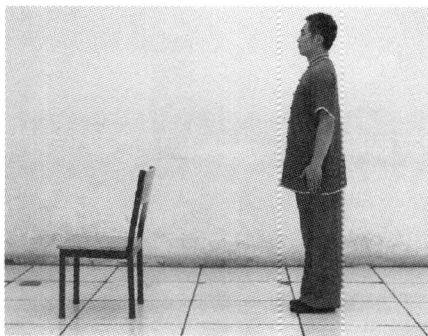

图 4 - 9

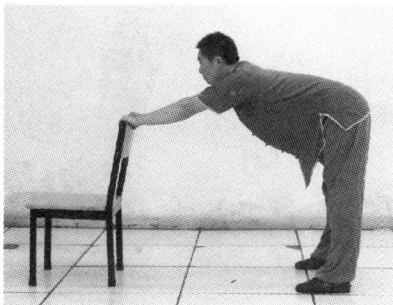

图 4 - 10

图 4 - 11

（2）动作要点。

两臂、两腿要伸直，振幅逐步加大，压肩由小到大逐步进行，压点集中于肩部。

2. 反压肩

（1）动作说明。

练习者背对肋木（或室内压腿杠），距肋木一步站立（见图 4 - 12），两臂外旋后伸，掌心向下抓握肋木（见图 4 - 13）。然后屈膝向下，拉伸肩部。或左脚向前一小步，右脚跟上，使肩部向下、向前拉伸更强，然后再继续左脚向前一小步，右脚再跟上，使肩部向下、向前拉伸继续加强，肩部静止保持不动，控住数秒后停止（具体时间长短由教师根据学生水平情况而定）。如图 4 - 14 ~ 图 4 - 17 所示。

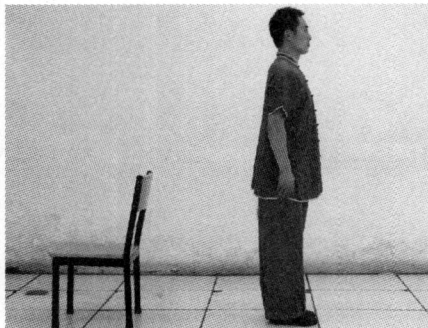

图 4 - 12

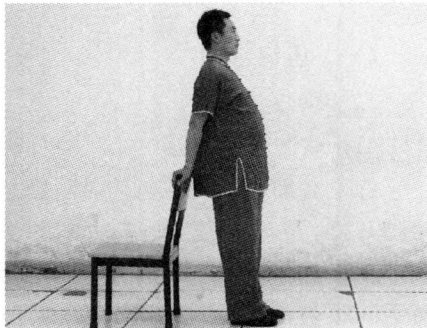

图 4 - 13

图 4 - 14

图 4 - 15

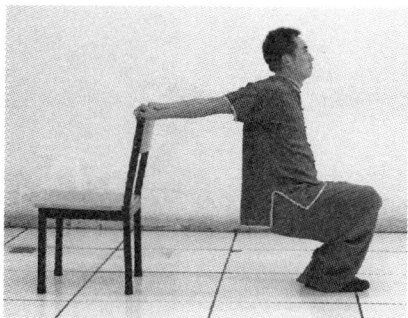

图 4 - 16

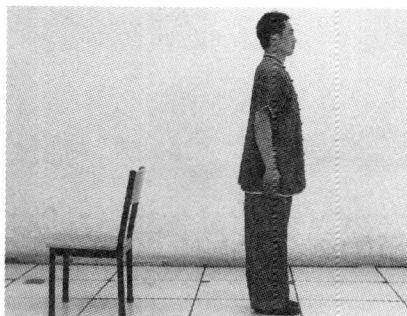

图 4 - 17

（2）动作要点。

两臂要伸直,向前上步一点一点挪步进行。

（二）搬肩练习

1. 正搬肩

（1）动作说明。

练习者俯卧在地毯上,辅助者站在练习者左侧(见图4-18)。练习者两臂向头前伸直上抬,掌指朝前;辅助者骑坐在练习者后背上,两膝跪于练习者左右侧(见图4-19)。辅助者两手掌抓住练习者前臂接近肘关节处,两手掌向上、向后慢慢拉搬。拉到练习者感觉不能再拉时,静止保持数秒钟。恢复开始拉搬,然后再进行向上、向后拉搬,反复进行 3~5 次,方可两人交换。如图4-20~图4-22所示。

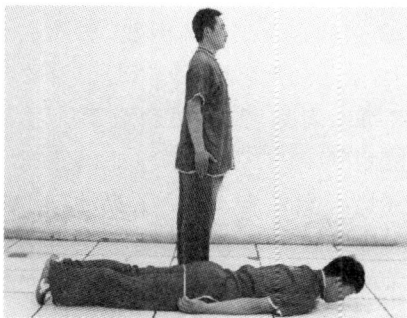

图 4 - 18

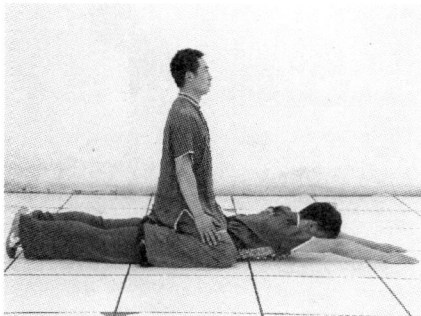

图 4 - 19

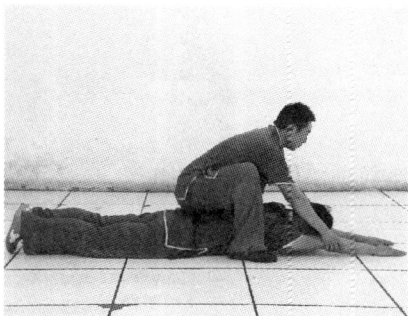

图 4 - 20

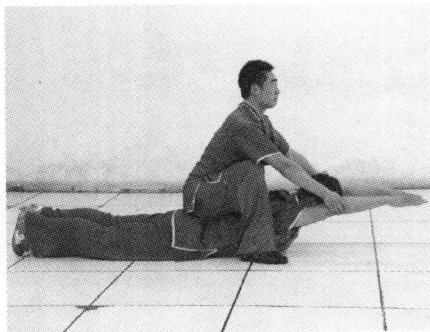

图 4 - 21

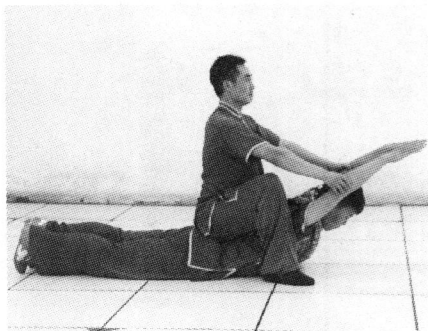

图 4 - 22

（2）动作要点。

辅助者对练习者应由轻到重，缓慢进行。

2. 反搬肩

（1）动作说明。

练习者俯卧在地毯上，下颌抵住地毯，两臂伸直放于身体两侧，掌背贴于地毯上，掌心朝上（见图 4 - 23）。辅助者骑坐在练习者后背上，两膝跪于练习者左右两侧（见图 4 - 24），两手抓握住练习者前臂接近肘关节处，由下向上、向前推举。推举到练习者感觉不能承受为止，静止保持数秒钟，再恢复开始，继续由下

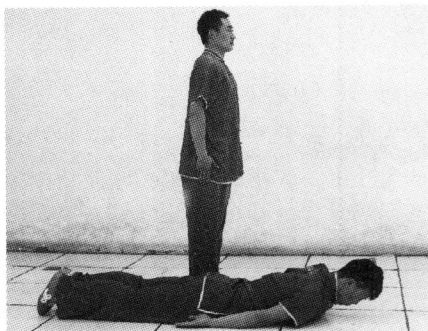

图 4 - 23

向上、向前推举，反复进行 3～5 次，方可两人交换。如图 4 - 25～图 4 - 27 所示。

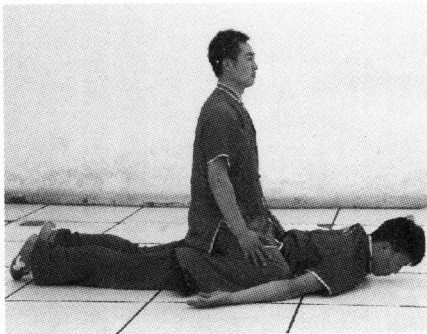

图 4 - 24

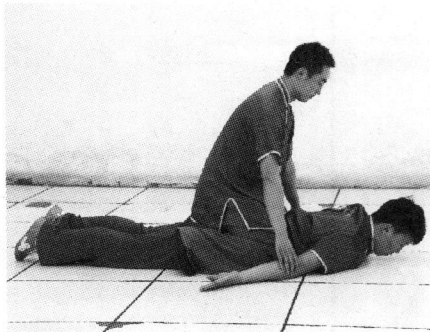

图 4 - 25

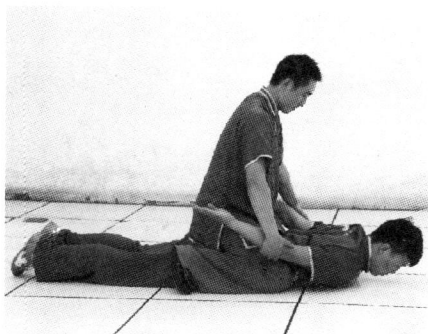

图 4-26

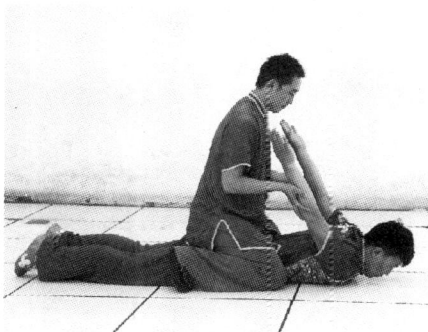

图 4-27

（2）动作要点。

辅助者对练习者应由轻到重,缓慢进行。

（三）绕肩练习

1. 向前绕肩

动作说明:由准备姿势(两脚开立,与肩同宽,头微上顶,两臂上举屈肘按于左右胸前,掌心朝内,掌背朝外,两肘下坠)开始(见图 4-28),两肩同时经后展、上提、前扣、下沉绕圈转动。如图 4-29~图 4-31所示。

图 4-28

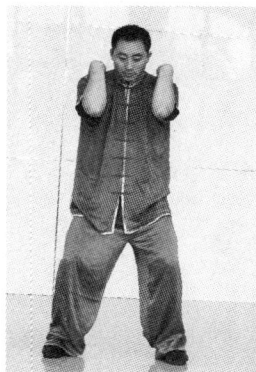

图 4-29

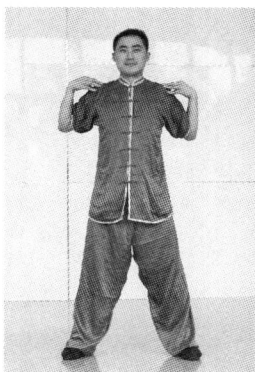

图 4-30

图 4-31

2. 向后绕肩

动作说明:由准备姿势(同上)开始(见图 4-32),两肩同时经前扣、后展、下沉、上提绕圈转动(方向路线与向前绕肩相反)。如图 4-33~图 4-35所示。

图 4 - 32　　　　　　图 4 - 33　　　　　　图 4 - 34　　　　　　图 4 - 35

3. 向前交叉绕肩

　　动作说明：由准备姿势（同上）开始（见图 4 - 36），两肩一个向斜前绕肩，一个向斜后绕肩，但方向是向前绕圈。如图 4 - 37～图 4 - 40 所示。

图 4 - 36　　　　　　　　图 4 - 37　　　　　　　　图 4 - 38

 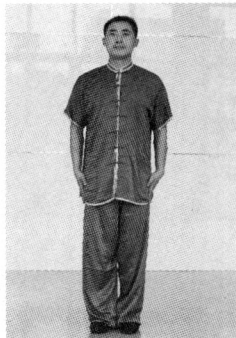

图 4 - 39　　　　　　　　图 4 - 40

4. 向后交叉绕肩

动作说明：由准备姿势（同上）开始（见图4-41），两肩一个向斜后绕肩，一个向斜前绕肩，但方向都是向后绕圈。如图4-42～图4-45所示。

图4-41

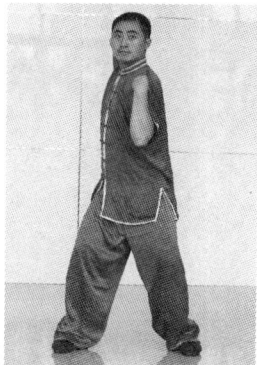

图4-42

图4-43

图4-44

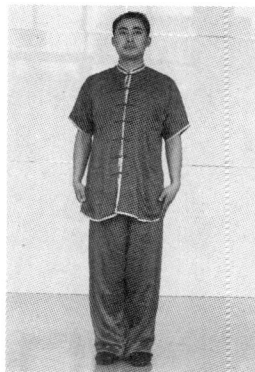

图4-46

（四）抡臂练习

1. 单臂绕环

（1）动作说明。

由准备姿势（开步站立，头微上顶，两臂自然垂于身体两侧）开始（见图4-46），逆时针绕环，右臂由下、向上、向后、向下、向前绕环；顺时针绕环，右臂由下、向后、向上、向下、向后绕环。左右臂绕环反复练习，交替进行。如图4-47～图4-50所示。

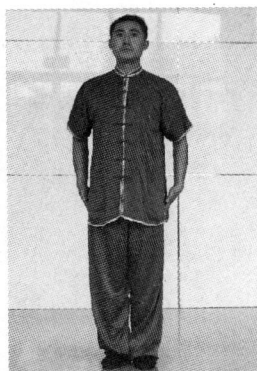

图 4 - 46

图 4 - 47

图 4 - 48

图 4 - 49

图 4 - 50

（2）动作要点。

臂要伸直，肩部要放松，运行轨迹为立圆。

2. 双臂绕环

此动作主要包括三种绕环：前后绕环、左右绕环、交叉绕环等。

（1）动作说明。

①前后绕环。由准备姿势（开步站立，头微上顶，两臂自然垂于身体两侧）开始（见图 4 - 51），右臂由下、向上、向后、向下、向前绕环，左臂由下、向后、向上、向下、向后绕环，左右两臂一前一后依次绕环。反复练习，然后再换反方向绕环。如图 4 - 52～图 4 - 56 所示。

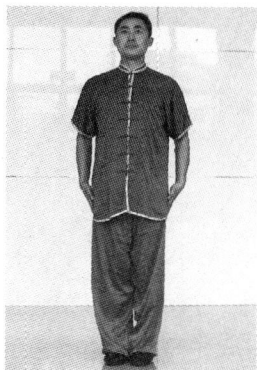

图 4－51

图 4－52

图 4－53

图 4－54

图 4－55

图 4－56

②左右绕环。由准备姿势（同上）开始（见图 4－57），左右两臂同时向左、向上、向右、向下划立圆绕环，或同时向右、向上、向下划立圆绕环。如图 4－58～图 4－66 所示。

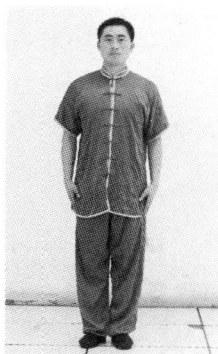

图 4－57

图 4－58

图 4－59

图 4－60

图 4 - 61

图 4 - 62

图 4 - 63

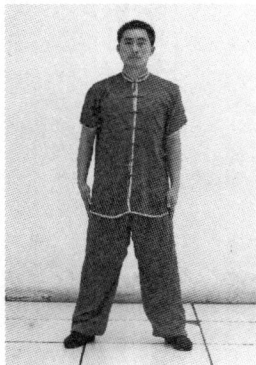

图 4 - 64

图 4 - 65

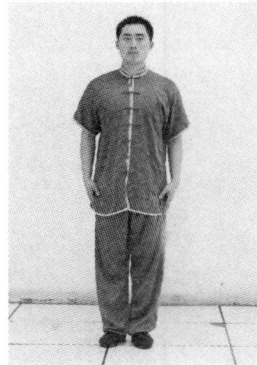

图 4 - 66

③交叉绕环。由准备姿势(同上)开始(见图 4 - 67),左臂由下、向后、向上、向下、向后绕环,右臂由下、向上、向后、向下、向前绕环,两臂同时进行,在身体两侧划立圆绕环。如图 4 - 68～图 4 - 73 所示。

图 4 - 67

图 4 - 68

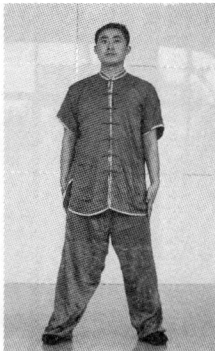

图 4 - 69

图 4 - 70

图 4 - 71

图 4 - 72

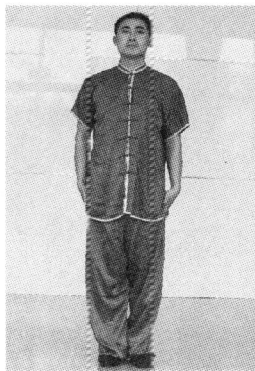

图 4 - 73

（2）动作要点。

前后绕环、交叉绕环两臂要伸直，肩部要放松，运行轨迹为立圆。左右绕环要与眼睛协调配合。

（五）仆步抡拍（乌龙盘打）

1．右仆步抡拍

（1）动作说明。

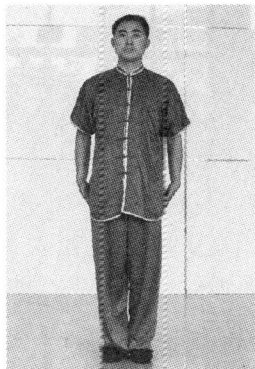

由立正姿势开始（见图 4 - 74），左脚向左迈出一大步，两臂向两侧伸直，掌心朝下，上体左转，同时，右臂由下向左、向上划半立圆，左臂由上向右、向下划半立圆；伴随上体右转，右臂继续向上、向左、向下、向右、向上划立圆，左臂继续向下、向左、向上、向右、向下划立圆；然后伴随上体左转成右仆步，左臂由下向上划弧停于左上方，同时右臂直臂向上、向右、向下抡臂划弧至右腿内侧拍地。如图 4 - 75～图 4 - 78 所示。

图 4 - 74

图 4 - 75

图 4 - 76

图 4-77

图 4-78

（2）动作要点。

向上抡臂时要贴近耳，向下抡臂时要贴近腿。右仆步抡拍时，眼随右手；左仆步抡拍时，眼随左手。

2. 左仆步抡拍

略。

3. 练习方法

左右交替反复进行练习。

二、腰 功

（一）前俯腰

1. 动作说明

并步站立（见图 4-79），两手手指交叉，直臂上举，掌心向上，上体前俯，两手在脚尖处尽力贴地，两腿要挺膝伸直；还可以两手掌向左、向右尽力贴地。然后，松开双手，向后抱住两小腿后方，使面部紧贴胫骨前面，保持数秒钟后松开。起身站立，两手再交叉上举，做第二次。如图 4-80～图 4-86 所示。

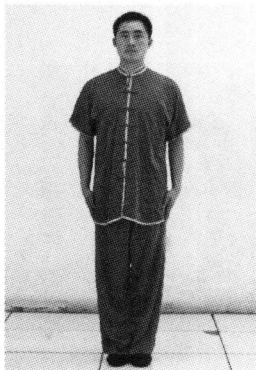

图 4-79

图 4-80

图 4-81

图 4 - 82　　　　　　　　　　　　　　图 4 - 83

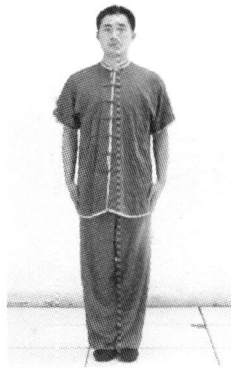

图 4 - 84　　　　　　　图 4 - 85　　　　　　　图 4 - 86

2. 动作要点

两腿并拢要挺膝伸直,面部紧贴胫骨前面,反复进行 5～10 次。

(二) 甩腰

1. 动作说明

开步站立(见图 4 - 87),两臂上举。然后以腰、髋关节为轴,上体做前后屈和甩动动作,两臂也跟着甩动,两腿挺膝伸直。如图 4 - 88～图 4 - 92 所示。

2. 动作要点

初练时甩腰不能太快,后屈程度也要根据自己的情况而定。前后甩腰动作要紧凑而有弹性。

图 4 - 87

图 4 - 88

图 4 - 89

图 4 - 90

图 4 - 91

图 4 - 92

（三）涮腰

1. 动作说明

由预备姿势（两脚开步站立，略宽于肩，两臂自然下垂）开始（见图 4 - 93），上体前俯，两臂随之向前下方伸出，然后向前、向左、向右、向后、向左翻转绕环，以髋关节为轴。如图 4 - 94～图 4 - 102 所示。

2. 动作要点

动作要由慢到快，逐步增大绕环速度。左右交替进行涮腰练习。左右各 3 次。

图 4 - 93 　　　　图 4 - 94 　　　　图 4 - 95 　　　　图 4 - 96

  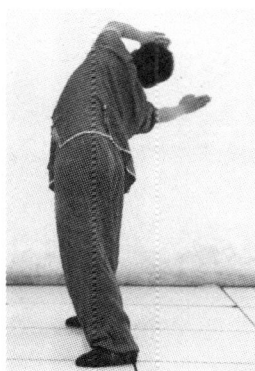

图 4 - 97 　　　　　　图 4 - 98 　　　　　　图 4 - 99

图 4 - 100 　　　　　图 4 - 101 　　　　　图 4 - 102

（四）下腰

1. 动作说明

两脚开步站立（见图4-103），与肩同宽，两臂伸直自然上举，掌心朝上，掌指朝后，腰向后弯以双手撑地成桥形。如图4-104～图4-109所示。

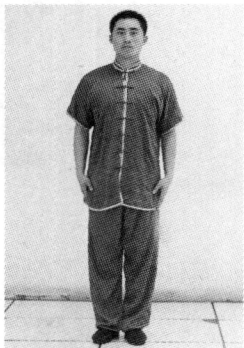 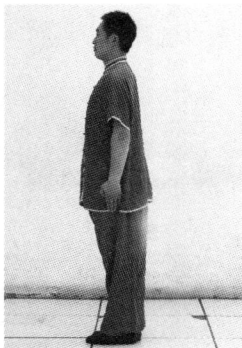

图4-103

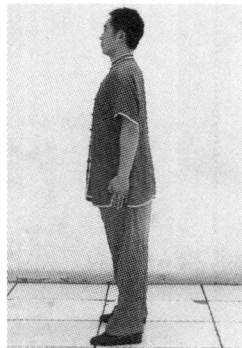

图4-104

图4-105

图4-106

图4-107

图4-108

图4-109

2. 动作要点

伴随着腰向后弯以双手撑地成桥形的过程，抬头、挺腰、挺膝、挺髋、腰向上顶。拱形要高，脚后跟不得离地。

3. 练习方法

先做一些俯腰、甩腰、涮腰等练习，然后再进行下腰练习。下腰练习可邀请同伴共同进行练习，以便起到辅助保护作用。反复进行 2～3 次。

三、腿功

（一）正压腿

1. 动作说明

面对压腿杠或一定高度的物体，并步站立（见图 4 - 110），左腿提起，将左脚脚后跟放在压腿杠上，脚尖勾起，膝部挺直，踝关节屈紧，两手掌按于左膝上方，上身前俯下压，两臂屈肘，上体前探，使胸腹部尽力贴近左腿上。保持数秒后，上体直起还原，接着向前俯压。如图 4 - 111～图 4 - 114 所示。

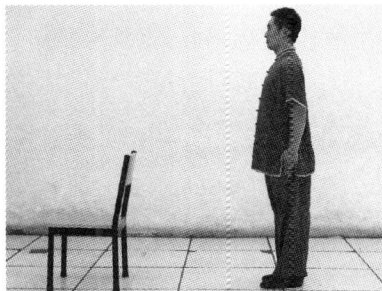

图 4 - 110

图 4 - 111

图 4 - 112

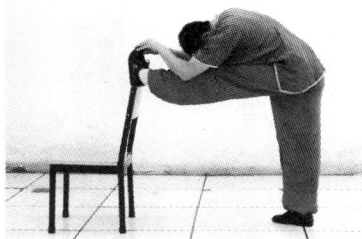

图 4 - 113

图 4 - 114

2. 动作要点

(1) 上体要直,支撑腿伸直不能弯曲。

(2) 压腿时脚尖勾起,挺胸、立腰、收髋,身前探,脚勾紧,尽力将胸腹部贴近左腿上。

(3) 伴随着压腿的幅度增大,使下颚尽力接触脚尖。

3. 练习方法

(1) 左右交替进行。

(2) 前俯压腿,做控腿练习。

(3) 压完腿后,踢腿、摆腿反复进行。

(4) 压腿、踢腿、摆腿交替进行。

4. 易犯错误

(1) 两腿不直。

(2) 髋关节未内收。

(二) 侧压腿

1. 动作说明

侧对肋木或一定高度的物体,右腿支撑站立(见图4-115),左腿提起,将左脚脚后跟放置在肋木上,脚尖勾起,右臂上举,左掌立于右胸前,掌指朝上,掌心朝右,两腿伸直,立腰、开胯(髋关节处展开),上体向左侧振压,振压幅度逐渐增大,尽力使右掌触及左脚脚尖或前脚掌,使上体侧倒在左腿上。练习时,左右腿交替进行。如图4-116~图4-119所示。

图4-115

图4-116

图4-117

图 4－118

图 4－119

2．动作要点

两腿伸直，挺膝、立腰、开胯，上体完全侧倒。

（三）后压腿

1．动作说明

并步站立（见图 4－120），背对肋木或
一定高度的物体，两手叉腰或扶一定高度的
物体，右腿支撑站立，左腿提起脚背绷直，
将脚背放到肋木或物体上，两腿伸直，上体
向后做振压动作，并逐渐增大振压幅度。
练习时，左右腿交替进行。如图 4－121～
图 4－126 所示。

2．动作要点

两腿伸直，挺胸、立腰、展髋，头随上体
后仰，支撑腿全脚着地，脚趾抓地。

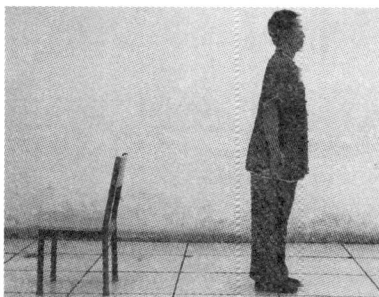

图 4－120

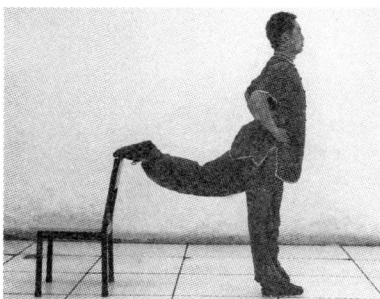

图 4－121

图 4－122

图 4 - 123

图 4 - 124

图 4 - 125

图 4 - 126

（四）仆步压腿

1. 动作说明

并步站立（见图 4 - 127），左脚向左横跨一大步，右腿屈膝全蹲，全脚着地，左腿挺膝伸直，脚尖内扣，两手分别抓住两脚脚背，成左仆步，腰部挺直，向左前压。练习时，左右仆步交替进行。如图 4 - 128～图 4 - 130 所示。

图 4 - 127

图 4 - 128

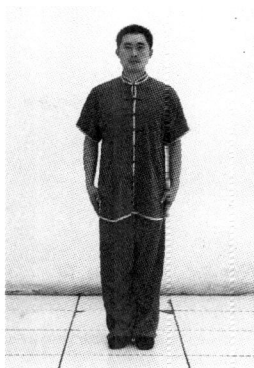

图 4 - 129　　　　　　　　　　　　图 4 - 130

2. 动作要点

腰部挺直,抬头;一腿全蹲,另一腿挺膝伸直;沉髋,使臀部尽量贴近地面。

(五)双手正搬腿

1. 动作说明

并步站立(见图4-131),右腿屈膝半蹲,左腿向左前方跨半步,脚后跟着地,脚尖勾起,上身前俯,两臂屈肘,右手抓握住左脚内侧,左手抓握住左脚外侧,两手用劲向后拉,身前探,尽力用嘴或下巴接近或触及脚尖,振压几次后,逐渐增大振压幅度,然后尽力用嘴或下巴接近或触及脚尖时,可保持数秒钟,然后上身直起,恢复并步站立姿势。练习时,左右腿交替进行。如图4-132～图4-135所示。

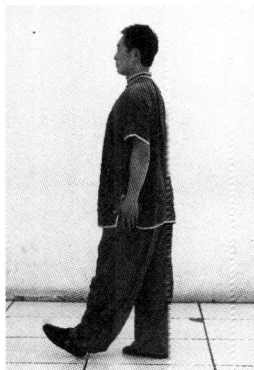

图 4 - 131　　　　　　　　　　　图 4 - 132

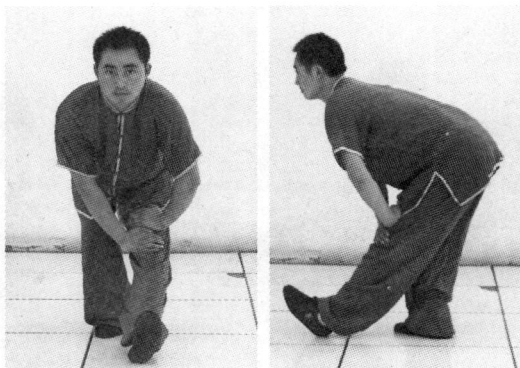

图 4 - 133

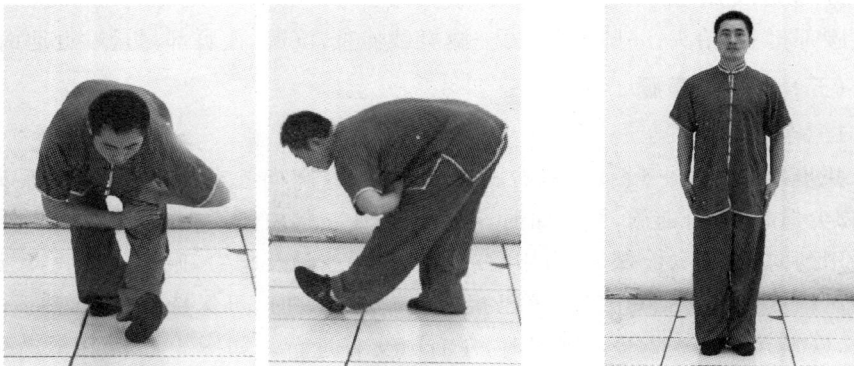

图 4 - 134   图 4 - 135

2. 动作要点

挺胸、塌腰、挺膝、坐胯、身前探。

(六) 辅助性正搬腿

1. 动作说明

(1) 两人面对站立(见图 4 - 136)。一人靠墙或靠肋木,靠物体的人左腿屈膝提起,另一人做辅助,托住对方左脚脚后跟上搬,左脚脚尖勾起,右腿支撑腿挺膝伸直。上搬到接近额头或头顶上方,可保持数秒钟,然后放下,再进行右腿的练习。练习时,左右腿交替进行。如图 4 - 137~图 4 - 141 所示。

图 4 - 136

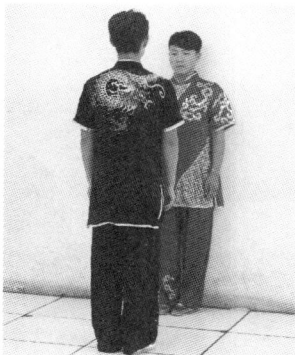

图 4 - 137

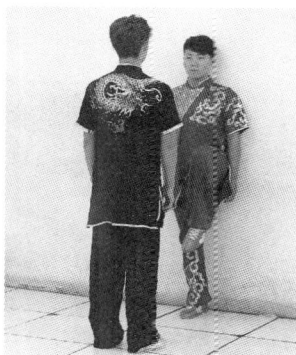

图 4 - 138

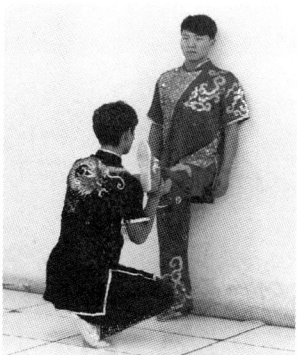

图 4 - 139

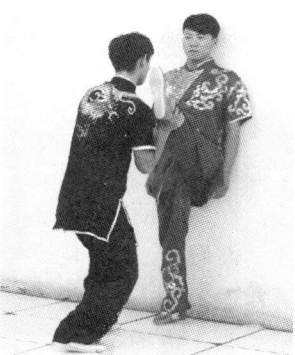

图 4 - 140

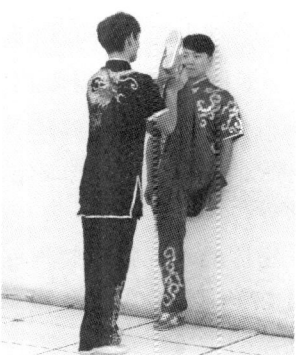

图 4 - 141

　　(2)三人结合,两人辅助。被搬腿的人躺在地毯上,左腿屈膝向上提起,一人抓握住左腿脚踝或脚后跟向被搬腿人的前额或头顶上举,另一人按住被搬腿人的右膝关节,让被搬腿人的右腿保持伸直状态。搬到头顶或接近前额(可根据柔韧性的程度)保持数秒钟,再进行右腿的练习。练习时,左右腿交替进行。如图 4 - 142～图 4 - 145 所示。

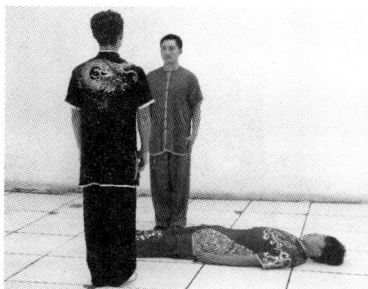

图 4 - 142

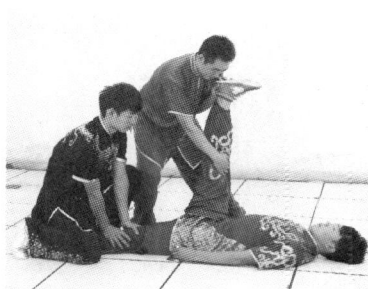

图 4 - 143

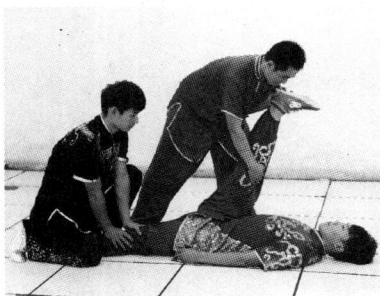

图 4 - 144

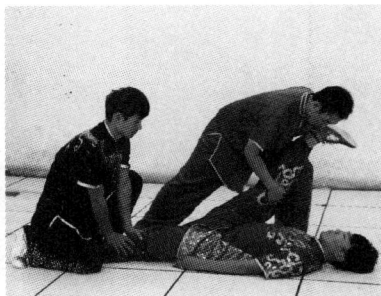

图 4 - 145

2. 动作要点

两腿伸直,挺胸、塌腰、收髋,被搬腿人的脚尖勾紧。

(七) 辅助性侧搬腿

1. 动作说明

(1) 侧对肋木或一定高度的物体,两人平行站立(见图 4 - 146)。一人侧靠墙或靠肋木,侧靠物体的人左腿屈膝提起,另一人做辅助,托住对方左脚脚后跟上侧搬腿,左脚脚尖勾起,右腿支撑腿挺膝伸直。上搬到接近头顶上方时,可保持数秒钟,然后放下,再进行右腿的练习。练习时,左右腿交替进行。如图 4 - 146~图 4 - 150所示。

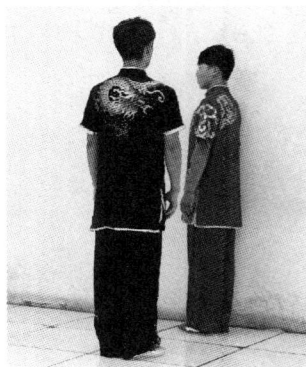

图 4 - 146

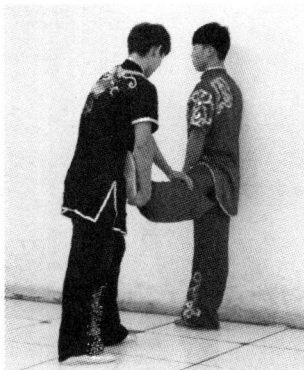

图 4 - 147

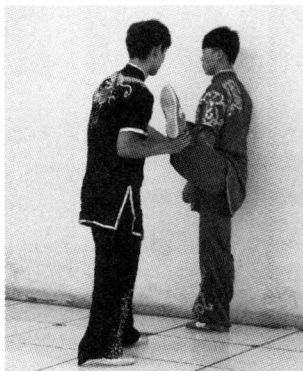

图 4 - 148

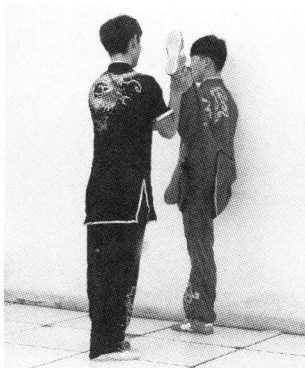 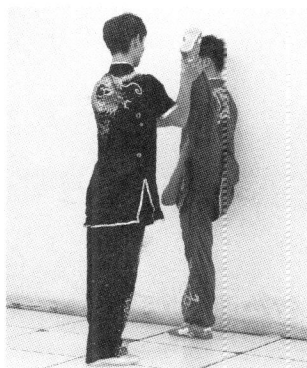

图 4 - 149　　　　　　　　　　图 4 - 150

（2）三人结合，两人辅助。被搬腿的人侧躺（身体左侧着地）在地毯上，右腿向上提起，一人抓握住右腿脚踝或脚后跟向被搬腿人的前额或头顶上举，另一人按住被搬腿人的左膝关节，让被搬腿人的左腿保持伸直状态。搬到头顶或接近前额（可根据柔韧性的程度）时，可保持数秒钟，再进行左腿的练习。练习时，左右腿交替进行。如图 4 - 151～图 4 - 154 所示。

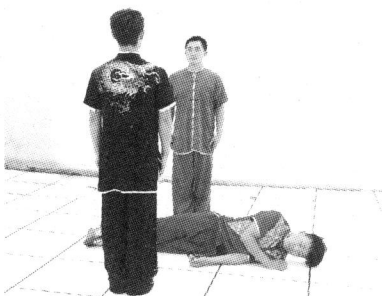 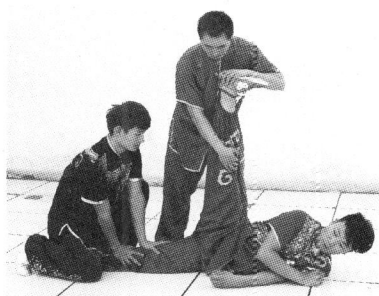

图 4 - 151　　　　　　　　　　图 4 - 152

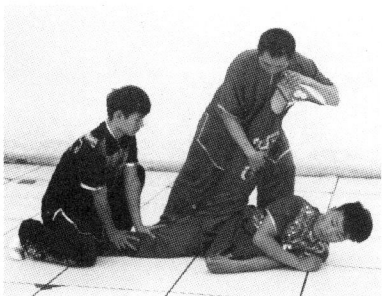 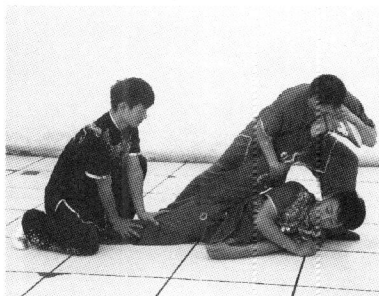

图 4 - 153　　　　　　　　　　图 4 - 154

2．动作要点

两腿伸直，挺胸、塌腰、开髋，被搬腿人的脚尖勾紧。

（八）辅助性后搬腿

1．动作说明

面对肋木或一定高度的物体，手扶肋木
并步站立（见图4-155），同伴在被搬腿人
身后左侧，左腿支撑，右腿从身后向上提
起，同伴托起右腿，右手托住右腿膝关节，
左手按住腰部，缓慢上举。被搬腿人抬头
向后仰、挺胸，支撑腿伸直，左腿绷起脚尖，
上体略前俯，上举到一定高度可保持数秒
钟，然后放下，也可以肩扛大腿做后搬动作。
练习时，左右腿交替进行。如图4-156～
图4-158所示。

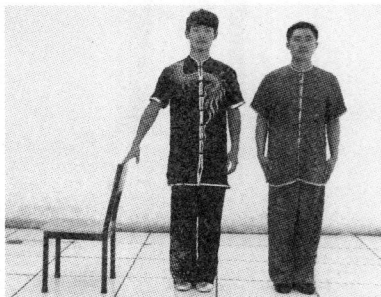

图 4-155

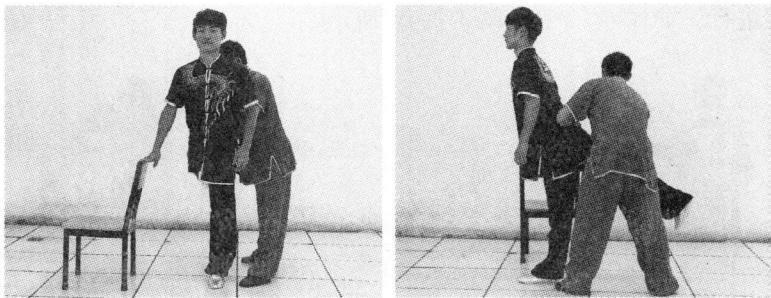

图 4-156

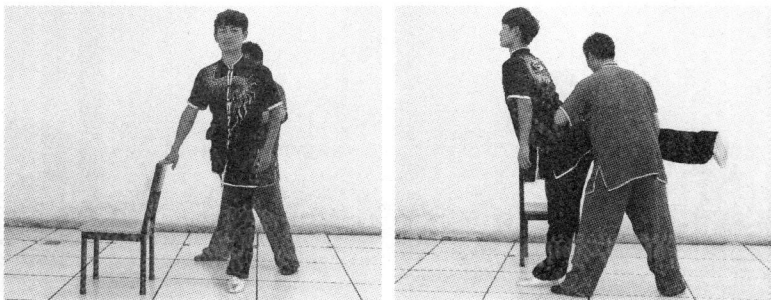

图 4-157

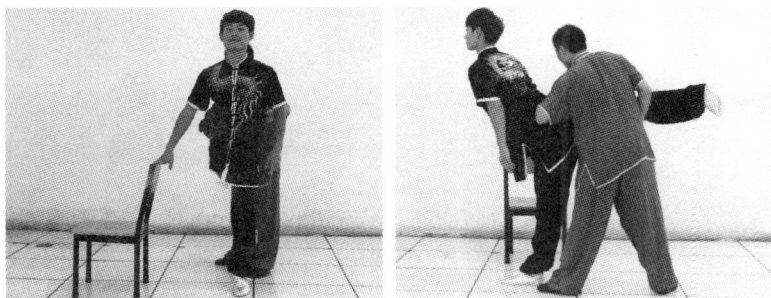

图 4 - 158

2. 动作要点

两腿伸直,挺胸、塌腰、开髋,被搬腿人的脚尖绷紧。

(九) 竖叉劈腿

1. 动作说明

由预备姿势开始(见图 4 - 159),两腿伸直前后叉开成直线。左腿后侧着地,脚尖勾起;右腿的内侧或前侧着地,脚背扣在地上,两臂立掌侧平举或左右扶地。练习时,左右交替进行。如图 4 - 160～图 4 - 164 所示。

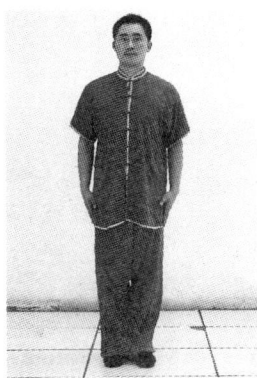

图 4 - 159

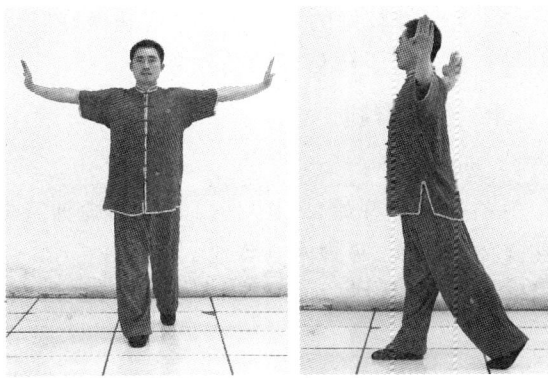

图 4 - 160

图 4 - 161

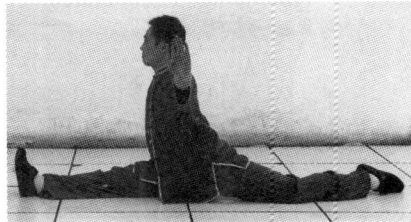

图 4 - 162

图 4 - 163

图 4 - 164

2. 动作要点

挺胸、立腰、沉髋、挺膝。

3. 教学法

（1）左右劈叉前，要先做热身运动，经压腿、侧压腿、踢腿等练习之后，再做竖叉练习。

（2）柔韧性较差的同学可做前后分腿的压振动作，或用手扶肋木做逐步下劈腿的动作。

（3）柔韧性较好的同学在竖叉劈腿做好后，可做前俯抓握脚尖，让上体胸腹部贴近左腿或者上体做后仰动作等。

（十）横叉劈腿

1. 动作说明

由预备姿势开始（见图 4 - 165），两腿伸直向左右两侧叉开下坐成直线，两手在身体前扶地，两脚内侧着地。如图 4 - 166～图 4 - 168 所示。

图 4 - 165

图 4 - 166

图 4-167

图 4-168

2. 动作要点

髋关节充分打开,挺胸、立腰。

3. 教学法

同竖叉劈腿。

四、手法

(一) 冲拳

冲拳分为平拳和立拳两种。平拳拳心向下,立拳拳眼向上。

1. 动作说明

由预备姿势(两脚左右开立,与肩同宽,拳心向上,两拳抱于腰间)开始,右拳从腰间向前旋臂(右拳内旋)猛力冲出,转腰、顺肩,力达拳面;同时,左肘向后牵拉。练习时,左右交替进行。如图 4-169~图 4-170 所示。

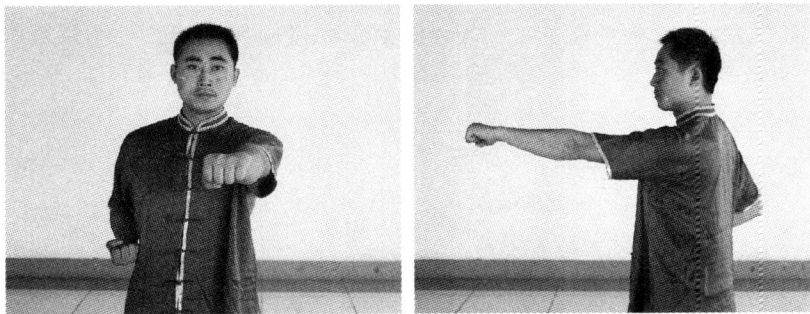

图 4-169

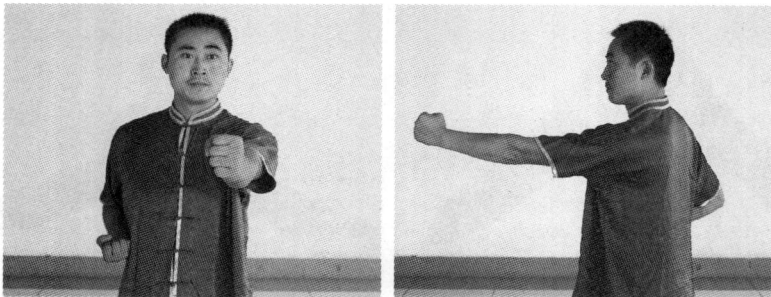

图 4 - 170

2．动作要点

（1）挺胸、收腹、立腰。

（2）出拳快速有力（要有寸劲），拧腰、顺肩、右拳内旋一气呵成。

（3）冲拳臂要伸直，高与肩平。

3．教学法

（1）先慢做，不要用全力，注意动作的准确性；然后再逐步过渡到快速有力。

（2）结合各种步型、步法和腿法做冲拳练习。

（3）经过一段时间练习后，也可拿哑铃或负重物进行冲拳练习，锻炼冲拳的速度和力量。

4．易犯错误及纠正方法

（1）易犯错误：拳从肩前冲出。

纠正方法：强调肘贴肋运行，使拳内旋冲出。

（2）易犯错误：冲拳无力。

纠正方法：先掌握冲拳的动作要领，然后，快速有力冲拳。注意：右拳要内旋冲出，力达拳面。

（3）易犯错误：冲拳高度过高或过低。

纠正方法：时刻提醒学员，冲拳高度要与自己的肩平齐，反复进行冲拳练习。

（二）推掌

1．动作说明

由预备姿势（两脚左右开立，与肩同宽，拳心向上，两拳抱于腰间）开始，右拳变掌从腰间旋臂向前立掌猛力推出，力达掌根。练习时，左右掌交替进行。如图4 - 171 所示。

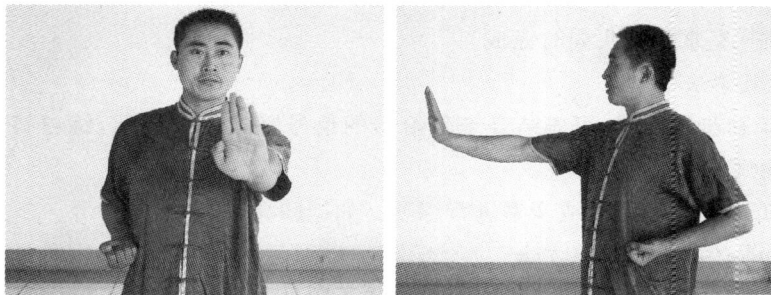

图 4 - 171

2．动作要点

（1）挺胸、收腹、立腰。

（2）出掌快速有力（要有寸劲），拧腰、顺肩、沉腕、翘掌、右臂内旋一气呵成。

（3）推掌臂要伸直，掌指高不过眼。

3．教学法

（1）先慢做，不要用全力，注意动作的准确性；然后再逐步过渡到快速有力。

（2）结合各种步型、步法和腿法做推掌练习。

4．易犯错误及纠正方法

同冲拳。

（三）亮掌

1．动作说明

由预备姿势（两脚左右开立，与肩同宽，拳心向上，两拳抱于腰间）开始，右拳变掌，经体侧向右、向上划弧，至头部右前上方时抖腕亮掌，臂成弧形，掌心朝上。眼睛始终随右手动作转动，抖腕亮掌时，转头注视左方。练习时，左右掌交替进行。如图 4 - 172 所示。

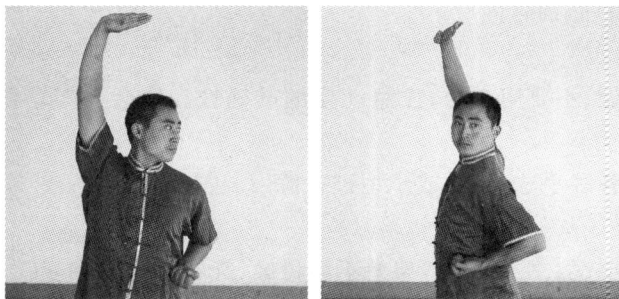

图 4 - 172

2．动作要点

抖腕、亮掌和转头同时完成。

3．教学法

（1）初步练习时，可先结合老师给出的信号臂或语言提示，练习抖腕、亮掌和转头配合一致。

（2）结合各种手法或步型进行练习。如提膝亮掌、仆步亮掌等。

4．易犯错误及纠正方法

易犯错误：以臂部动作为主，抖腕动作不明显；抖腕、亮掌、转头不同时完成。

纠正方法：做抖腕亮掌，用信号或语言提示转头。

（四）架拳

1．动作说明

由预备姿势（两脚左右开立，与肩同宽，拳心向上，两拳抱于腰间）开始，右拳由下向左、向上经头前向右上方划弧架起，拳眼向下，转头两眼注视左方。练习时，左右拳交替进行。如图 4－173 所示。

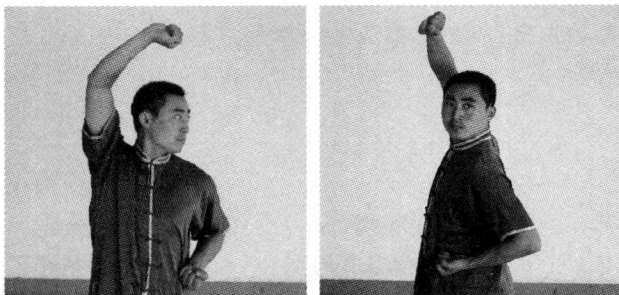

图 4－173

2．动作要点

松肩，肘微屈，前臂内旋。

3．教学法

（1）先慢做，不要用全力，注意动作的准确性。体会上架动作，然后再逐步过渡到快速有力。

（2）结合各种手法、步法或步型进行练习。如马步架打。

4．易犯错误及纠正方法

（1）易犯错误：摆臂不顺，架拳不够稳健、舒展。

纠正方法：摆臂要松肩，架拳时前臂内旋、突停。

（2）易犯错误：经体侧架拳，动作路线不对。

纠正方法：对学员进行攻防讲解与示范。如对方拳打来，我方用上架去防守等。

四、步法

（一）插步（又称叉步）

1. 动作说明

预备姿势（两脚并步站立，两手叉腰），右脚向左腿后插步，前脚掌着地，两腿交叉，目视左侧。如图 4-174～图 4-175 所示。

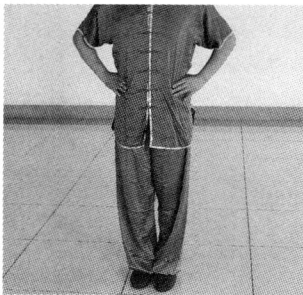

图 4-174

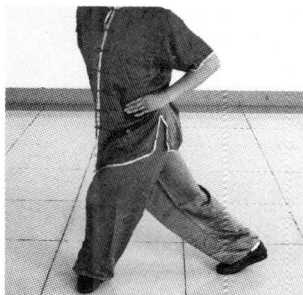

图 4-175

2. 动作要点

挺胸、塌腰、沉髋，上体保持正直。

3. 教学法

（1）反复练习左右脚插步练习，体会沉髋。

（2）可结合手法练习。如初级长拳（第三路）中的"插步双摆掌"。

4. 易犯错误及纠正方法

（1）易犯错误：上体前倾。

纠正方法：反复强调挺胸、立腰、沉髋。

（2）易犯错误：插步的幅度太小，撅臀。

纠正方法：第一，注意平时加强多练习髋关节的柔韧性。第二，让学员做好预备姿势后，教师给出具体的插步点。第三，插步时身体不要转动（转胯或转身），保持躯干朝向正前方。第四，强调沉髋。

（二）跃步

1. 动作说明

由预备姿势（两脚并步站立，两臂垂于体侧）开始（见图 4-176），一脚蹬地踏跳，向前腾跃，另一脚随势向前摆跃。落地时踏跳腿落于后，摆跃腿落于前，落地可成仆步、弓步等步型。如图 4-177~图 4-179 所示。

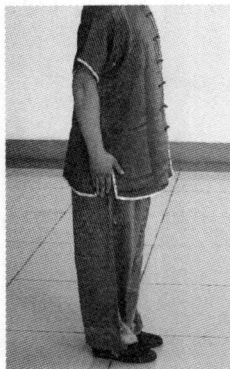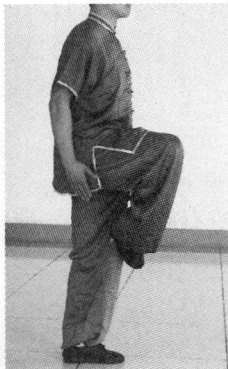

图 4-176   图 4-177   图 4-178   图 4-179

2. 动作要点

（1）跳跃要高、远。

（2）落步要轻、稳。

3. 教学法

（1）练习左腿连续单足跳，体会左腿蹬地发力。

（2）原地练习换步，左脚蹬地起跳，右脚落地，左脚悬空后伸。

（3）加强静止动作的练习，主要体会跃步空中的动作。如望月平衡。

（4）可结合手法、步型进行练习。如初级长拳（第三路）中的"大跃步前穿"。刚开始要求不要太高，以跳起来为主，同时还要先单独练习挥臂动作（两臂在体侧，依次向上划弧，最后停在身体右侧）。等动作熟练以后，要求跳得不仅要高，还要远，落步也要稳健，与上体手法的配合也要到位。

4. 易犯错误及纠正方法

（1）易犯错误：跳得不高、不远。

纠正方法：强调平时准备活动时的反复起跳，加强起跳腿的蹬力，不断提示向上起跳的同时还要向前跃等。

（2）易犯错误：落步不稳。

纠正方法：平时要加强基本功的训练，如仆步、弓步等，体会沉髋；还要注意压腿、踢腿的训练。

（三）踏步

1. 动作说明

预备姿势（两脚并步站立，两臂垂于体侧），一腿屈膝上提，支撑腿屈膝下蹲的同时全脚掌用力向地面踏击。如图 4-180~图 4-182 所示。

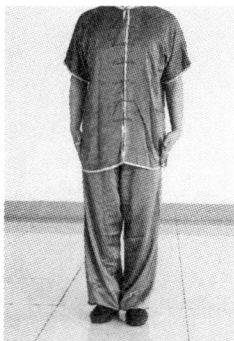 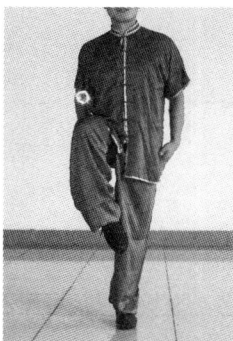 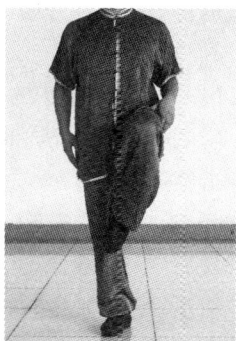

图 4-180 图 4-181 图 4-182

2．动作要点

（1）下振借助蹲身之势。

（2）全脚掌着地。

3．教学法

（1）练习单腿震脚，注意气势。

（2）可结合手法、步型进行练习。如罗汉十八手中的"僧敲钟"动作。

4．易犯错误及纠正方法

易犯错误：震脚时，脚抬得过高。

纠正方法：强调高度不超过 10cm，教师在练习过程中反复提示。

（四）撤步

1．动作说明

由预备姿势（两脚并步站立，两臂垂于体侧）开始（见图 4-183），一脚向后退半步或一步，另一脚随之向后撤半步或一步，停落在后脚前（见图 4-184）。

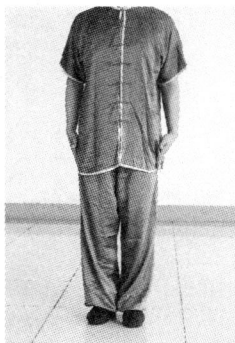 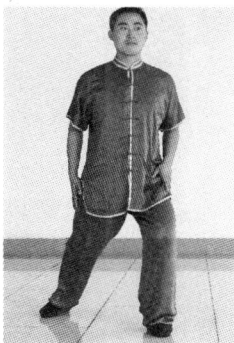

图 4-183 图 4-184

2. 动作要点

退步、撤步要分明。

3. 教学法

（1）先学习撤步的动作，反复进行练习。

（2）可结合手法、步型进行练习。如初级三路长拳中的"插步双摆掌—撤步弓步击掌"。

4. 易犯错误及纠正方法

易犯错误：撤步时，上体前倾。

纠正方法：撤步时，反复强调头要微上顶，下颌微收，目视前方，上体保持正直。

（五）跳步

1. 动作说明

预备姿势（两脚前后站立，两臂垂于体侧），右脚上抬，全脚掌用力向下震脚，左脚快速离地抬起，上体稍向左转，再向右转。如图 4-185～图 4-188 所示。

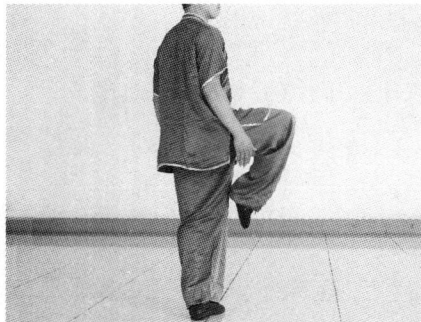

图 4-185

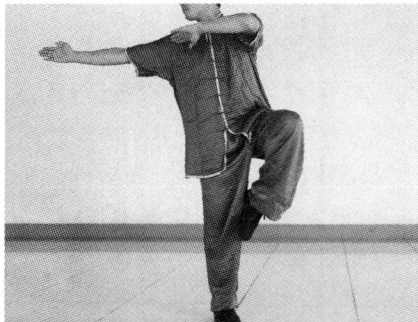

图 4-186

图 4-187

图 4-188

2．动作要点

换跳步时动作要连贯、协调一致；震脚时腿要弯曲，左脚离地不要过高。

3．教学法

（1）先掌握换跳步的要领，然后结合踏步（震脚）进行练习。

（2）可结合手法、步型进行练习，如初级长拳（第三路）中的"换跳步弓步冲拳"。

4．易犯错误及纠正方法

（1）易犯错误：脚的落点不明确。

纠正方法：强调在换跳步时，脚的位置基本上就是左脚与右脚的换位。

（2）易犯错误：换跳步时，两脚离地过高。

纠正方法：在换跳步时，教师要不断地提示学生。

五、腿法

（一）正踢腿

1．动作说明

由预备姿势（两脚并立，两手成立掌或握拳侧平举）开始（见图4－189），左脚向前上半步，全脚着地，右脚向前上方（前额处）踢起，脚尖勾紧，两眼平视前方。练习时，左右腿交替进行。如图4－190～图4－194所示。

图 4 - 189

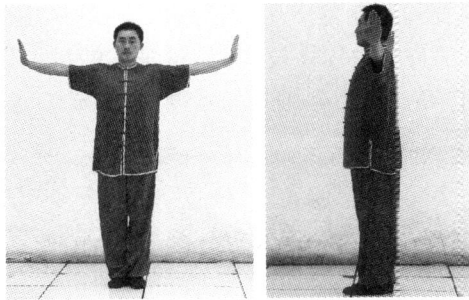

图 4 - 190

图 4 - 191

图 4 - 192

图 4 - 193

图 4 - 194

2. 动作要点

挺胸、收腹、立腰,两腿伸直,脚尖要勾起绷落,踢腿过腰后猛然发力加速,动作轻快有力,要有寸劲。

3. 教学法

(1) 先进行热身练习,然后压肩、压腿、劈腿、摆腿等,再练踢腿。

(2) 先手扶辅助性物体,原地踢摆,左右腿交替进行。

(3) 学员中柔韧性不好的,踢腿高度不要要求过高,与腰平就行,但其他要求一定要遵从正踢腿的规范:两臂要伸直,两腿要伸直,挺胸立腰,头保持正直,踢腿脚尖要勾紧绷落。

(4) 学员中柔韧性较好的,踢腿高度尽力靠近前额,收腹收髋,踢腿时过腰加速,动作轻快有力。脚尖勾紧绷落,形成"三直一勾":两臂要直,上体要直,两腿要直,脚尖要勾。

(5) 学员较多时,可排列成纵队,左右交替的行进间踢腿。

4. 易犯错误及纠正方法

(1) 易犯错误:上体前俯,两腿弯曲。

纠正方法:挺胸、立腰、两臂外撑,踢腿高度可不做严格要求,可根据学员自身情况而定。

(2) 易犯错误:支撑腿脚后跟离地,出现武术中常见的"拔根"现象。

纠正方法:踢腿时不要过高,超出自身柔韧性的程度,可先踢低腿;同时,上步的步伐不要太大。

(3) 易犯错误:踢腿过腰无加速,体现不出轻快有力的寸劲。

纠正方法:手扶辅助物,可进行左右交替踢腿,体会过腰加速度的劲道。

(4) 易犯错误:脚尖无勾起,出现头向后仰或低头现象。

纠正方法:脚尖勾起,头上顶,下颏微收。

（二）侧踢腿

1. 动作说明

由预备姿势（两脚并立，两手成立掌或握拳侧平举）开始（见图 4 - 195），右脚向前上半步，脚尖外展，左脚脚跟稍提起，身体略右转，左臂前伸，右臂后举，左脚脚尖勾起经体侧踢向脑后；同时，左臂屈肘使左掌收至右腋下成立掌，掌心朝外（右），右掌向上摆至头顶两侧，掌心朝上，掌指朝前，两眼平视前方。如图 4 - 196～图 4 - 200 所示。

图 4 - 195

图 4 - 196

图 4 - 197

图 4 - 198

图 4 - 199

图 4 - 200

2. 动作要点

挺胸、立腰、开髋，两腿伸直，侧身踢腿，脚尖要勾起绷落，踢腿过腰后猛然发力加速，动作轻快有力，要有寸劲。

3．教学法

略。

4．易犯错误及纠正方法

（1）同正踢腿（1）～（3）。

（2）易犯错误：侧身不够。

纠正方法：同时支撑腿外展，上体正直，两脚一定要形成丁字步，强调向脑后进行侧踢。

（三）外摆腿

1．动作说明

由预备姿势（两脚并立，两手成立掌或握拳侧平举）开始（见图4-201），左脚向前上半步，全脚着地，右脚尖勾紧向左侧上方踢起，然后经体前向右下做弧形摆动，收至于左腿旁，两眼平视前方，右掌可在右侧上方击响，也可不做击响。练习时，左右腿交替进行。如图4-202～图4-206所示。

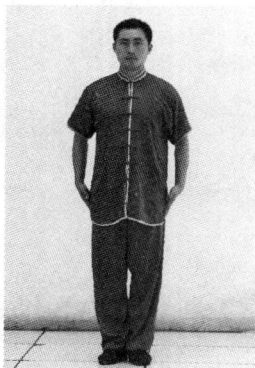

图 4 - 201

图 4 - 202

图 4 - 203

图 4 - 204

图 4 - 205

图 4 - 206

2．动作要点

挺胸、立腰，松髋、展髋，两腿伸直，脚尖要勾起绷落，外摆幅度要大，形成扇形面。

3．教学法

（1）先进行热身练习，然后压肩、压腿、劈腿等，再练外摆腿。

（2）先手扶辅助性物体，原地踢摆，左右腿交替进行。

（3）学员中柔韧性不好的，摆腿高度不要要求过高，但其他一定要遵从外摆腿的规范要求。

（4）学员中柔韧性较好的，外摆腿时要强调加大外摆的幅度。

（5）学员较多时，可排列成纵队，左右交替的行进间踢腿。

4．易犯错误及纠正方法

（1）同正踢腿（1）～（3）。

（2）易犯错误：外摆幅度不够大。

纠正方法：在准备活动中，让学员多做抱膝展髋等练习，以提高髋关节的灵活性，也可先踢低腿、小幅度练习，再逐渐增加高度和外摆幅度等。

（四）里合腿

1．动作说明

由预备姿势（两脚并立，两手成立掌或握拳侧平举）开始（见图 4 - 207），左脚向左前方上半步，全脚着地，右脚尖勾紧且内扣并向右侧踢起。经面前向左侧上方直腿里合，落于左脚左前方，如果击响，左手掌在左侧上方可迎击右脚掌，也可不做击响。两眼平视前方。练习时，左右腿交替进行。如图 4 - 208～图 4 - 212 所示。

图 4 - 207

图 4 - 208

图 4 - 209

图 4 - 210

图 4 - 211

图 4 - 212

2. 动作要点

挺胸、立腰，松髋、合髋，两腿伸直，里合幅度要大，形成扇形面。

3. 教学法

同外摆腿。

4. 易犯错误及纠正方法

(1) 同正踢腿(1)～(3)。

(2) 易犯错误：里合幅度不够大。

纠正方法：在准备活动中，让学员多做压腿、踢腿等练习，先把腿部的柔韧性和踢腿的高度提高了，然后再让学员体会先踢起后里合的动作要领。

(五) 弹腿

1. 动作说明

由预备姿势(两脚并立，两手叉腰)开始(见图 4 - 213)，右腿屈膝提起，大腿与腰相平，右脚面绷直。伴随提膝高度接近腰平，要迅速猛力挺膝，向前弹出，力达脚尖。大腿与小腿成一直线，略高于腰，左腿伸直或微屈支撑，两眼平视前方。练习时，左右腿交替进行。如图 4 - 214～图 4 - 216 所示。

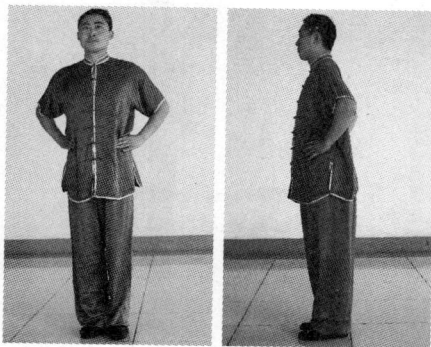

图 4 - 213

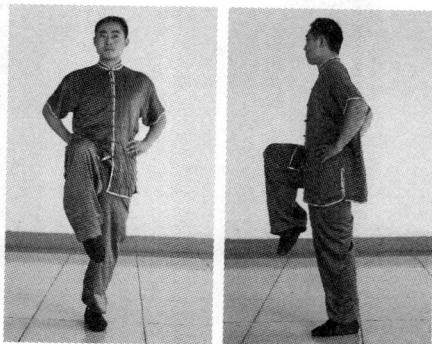

图 4 - 214

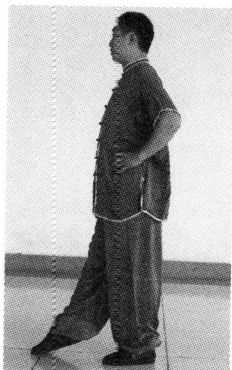

图 4 - 215　　　　　　　　　　　　　　　图 4 - 216

2．动作要点

挺胸、收腹、立腰，脚面绷直，收髋，弹击要有爆发力，力达脚尖。

3．教学法

（1）先进行热身练习，然后压腿、劈腿，再练弹腿。

（2）学员中柔韧性不好的，弹腿高度不要要求过高，可先弹低腿，再逐渐增加高度。

（3）学员可结合冲拳进行弹腿，如弹腿冲拳（弹左腿冲右拳）等，左右交替进行。

（4）学员较多时，可排列成纵队，在左右交替的行进间做弹腿冲拳（或推掌）练习。

4．易犯错误及纠正方法

（1）易犯错误：屈伸不明显，类似踢腿动作。

纠正方法：强调收髋，屈膝后再弹出。

（2）易犯错误：力点不明确。

纠正方法：强调挺膝，脚面绷直。

（六）蹬腿

1．动作说明

由预备姿势（两脚并立，两手叉腰）开始（见图 4 - 217），右腿屈膝提起，大腿与腰相平，右脚脚尖勾起。伴随提膝高度接近腰平，要迅速猛力挺膝，向前蹬出，力达脚跟。大腿与小腿成一直线，略高于腰，左腿伸直或微屈支撑，两眼平视前方。练习时，左右腿交替进行。如图 4 - 218～图 4 - 220 所示。

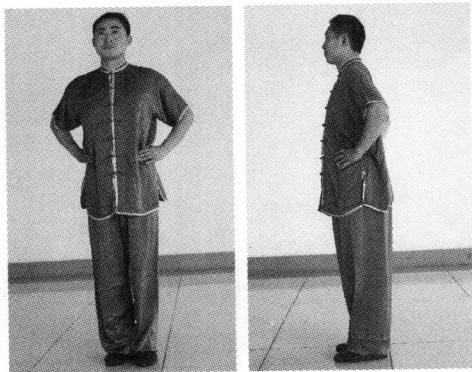

图 4 - 217

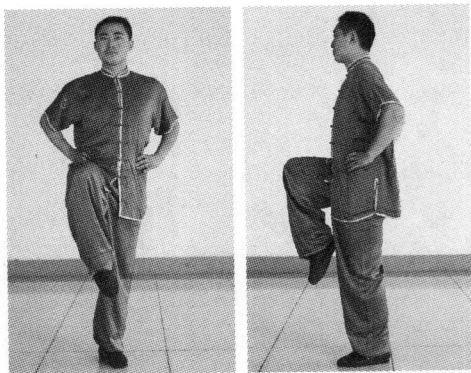

图 4 - 218

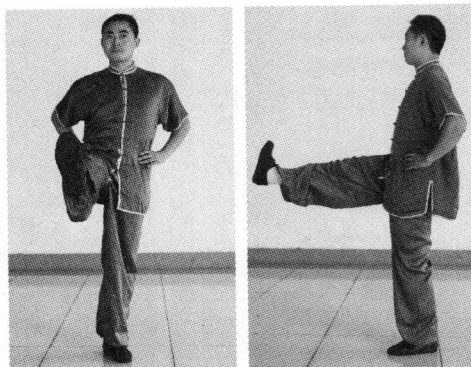

图 4 - 219

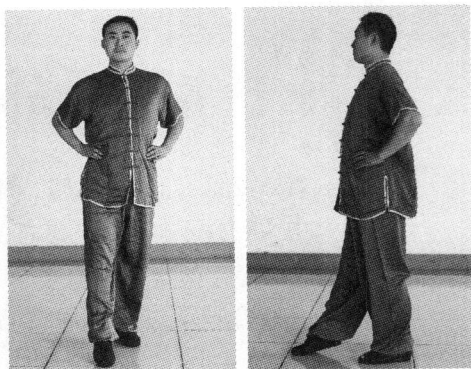

图 4 - 220

2. 动作要点

挺胸、收腹、立腰,脚尖勾紧,收髋,蹬击要有爆发力,力达脚跟。

3. 教学法

同弹腿。

4. 易犯错误及纠正方法

(1) 易犯错误:屈伸不明显,类似踢腿动作。

纠正方法:强调收髋,屈膝后再蹬出。

(2) 易犯错误:力点不明确。

纠正方法:强调挺膝,脚尖勾紧。

(七)侧蹬腿

1. 动作说明

由预备姿势(两脚并立,两手叉腰)开始(见图 4 - 221),左脚向右脚右侧方盖步,左膝略弯,两腿交叉;随即右腿屈膝提起,脚尖内扣,向左侧上方踹出,力达脚跟,高与肩平,上体略左倾,目视右侧方。练习时,左右腿交替进行。如图 4-222～图 4-224 所示。

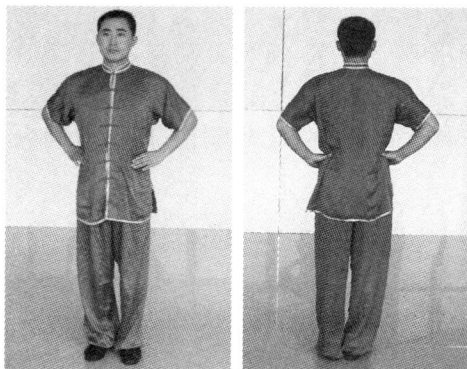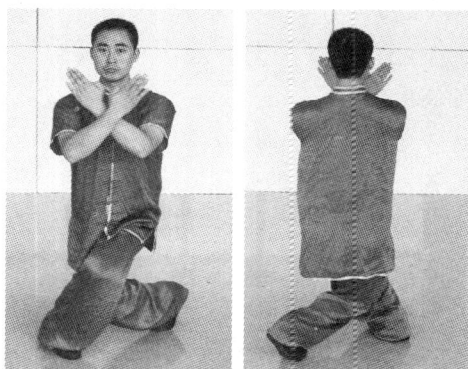

图 4-221　　　　　　　　　　　图 4-222

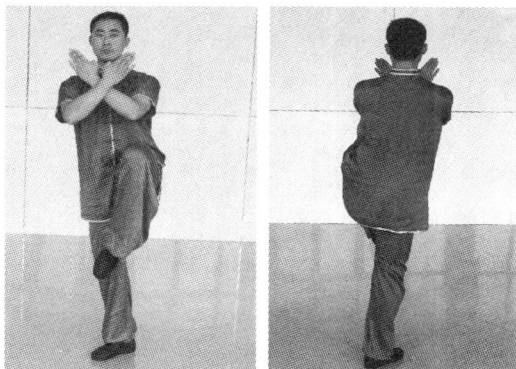

图 4-223

图 4-224

2. 动作要点

挺膝、开髋、猛踹,脚外侧朝上,力达脚跟。

3. 教学法

(1) 先进行热身练习,然后压腿、劈腿,再练侧踹腿。

(2) 学员中柔韧性不好的,踹腿高度不要要求过高,可先低踹腿,再逐渐增加高度。

(3) 学员借助一定物体(如肋木),做侧踹练习,体会上体侧倒、踹腿时脚尖内扣,力达脚跟的要领。

(4) 学员较多时,可排列成纵队,在左右交替的行进间做侧踹腿练习。

4. 易犯错误及纠正方法

(1) 易犯错误:脚尖朝上,成侧蹬腿。

纠正方法:强调侧踹腿内旋后再踹出。

(2) 易犯错误:高度不够或收髋。

纠正方法:多做仆步压腿、侧压腿和横叉等练习;还可用辅助性物体来练习上体侧倒,以使腿踹高些。

(八) 单拍脚

1. 动作说明

由预备姿势(并步抱拳,拳心朝上,眼睛平视前方)开始(见图 4 - 225),左脚向前上半步,右腿伸直绷紧脚面向上提起,同时,右拳变掌,从腰间向前伸至脸前迎拍击右脚脚面。练习时,左右腿交替进行。如图 4 - 226~图 4 - 228 所示。

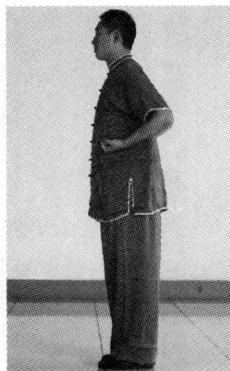 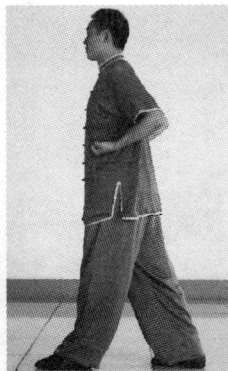  

图 4 - 225   图 4 - 226   图 4 - 227   图 4 - 228

2. 动作要点

挺胸、立腰、收髋;击拍点接近额头前,准确响亮。拍击时,手掌五指要并拢。

3. 教学法

（1）先进行热身练习，然后压腿、劈腿、踢腿，再练单拍脚。

（2）学员借助一定物体（如肋木）做拍脚练习，体会收髋关节、绷紧脚面与手掌拍击脆响。

（3）在练习单拍脚过程中，两手掌在额头上方击响，再击打脚面，尽力使两响接近。

（4）随着单拍脚程度的提高，也可以交叉拍脚或称十字拍脚·如右掌拍击左脚脚面、左掌拍击右脚脚面等。

（5）学员较多时，可排列成纵队，在左右交替的行进间做侧踹腿练习。

4. 易犯错误及纠正方法

（1）易犯错误：上体前倾，脚面无绷紧。

纠正方法：挺胸、立腰，头微上顶，眼睛平视前方，反复多做绷脚面练习。

（2）易犯错误：高度不够，击响声音不够清脆、响亮。

纠正方法：多做压腿、正踢腿和竖叉练习；还可用辅助性物体来做拍脚练习，体会收髋关节、绷紧脚面与手掌拍击脆响。

（九）后扫腿

1. 动作说明

（1）由预备姿势（两脚并步站立，两臂垂于体侧，眼睛平视前方）开始（见图 4－229），两掌在右胸前击掌，右掌在左掌下，随即身体向右转，右脚提起向下震脚，右腿屈膝半蹲，脚尖朝外，左脚向前开步，同时左掌屈肘向右划弧至于右腰侧，掌心朝后，掌指朝上，目视右下方。如图 4－230～图 4－238 所示。

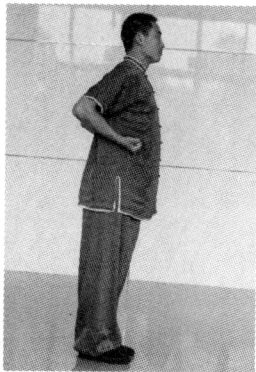  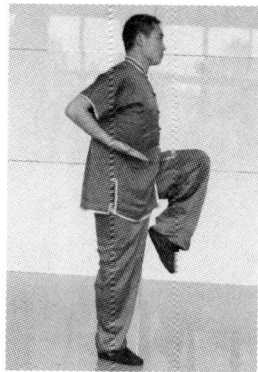

图 4－229　　　　　图 4－230　　　　　图 4－231

图 4 - 232

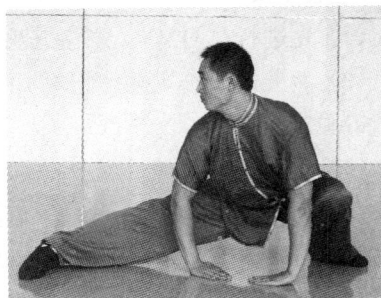

图 4 - 233

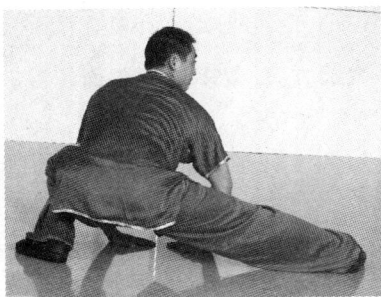

图 4 - 234

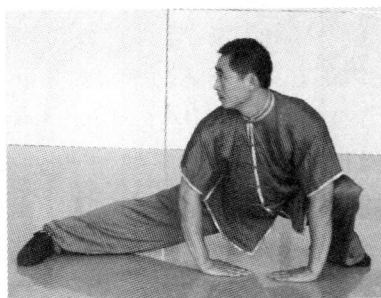

图 4 - 235

图 4 - 236

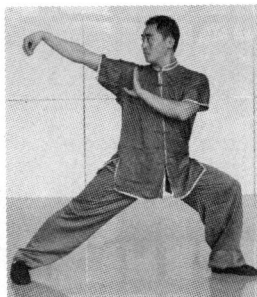

图 4 - 237

图 4 - 238

（2）接上势，身体左转，右脚脚后跟外展蹬地，挺膝伸直，左腿屈膝半蹲，成左弓步，同时两掌从右腰侧向前平直立掌推出，掌指朝上，小指一侧超前，目视两掌尖。

（3）接上势，左腿屈膝全蹲，上体右转并前俯，两掌随身体右转到右腿内侧扶地，两手推地，借助上体向右后拧转的惯性力量，以左脚前掌为轴，右腿伸直，脚尖内扣,右脚脚掌贴地向后扫一周。

(4)接上势,两手掌交叉划半圆弧,右手掌由下向前、向上、向后划弧变勾手,勾手略高于肩,左手由下向上、向内经右肩立掌向前推出,掌指高不过眼睛,目视左掌。

2．动作要点

(1)两手掌击响、震脚、蹬地、推掌同时进行。

(2)转体、俯身、推地、右腿后扫要连贯紧凑,一气呵成。

(3)上下肢动作要协调一致,不能脱节。

3．教学法

(1)可先做震脚弓步推掌练习,然后体会拧腰带动扫腿的旋转要领,以及怎么接转体、拧腰、推地的惯性力量,然后再进行伏地后扫腿。

(2)学员双手伏地,缓慢进行扫腿练习,体会以左脚前掌为轴,右脚脚尖内扣,脚掌擦地向后扫。

(3)学员可先做高姿势以左脚掌为轴向后旋转的练习,再逐渐降低姿势,做后扫腿练习。

(4)学员可站立,两手掌交叉划半圆弧,反复练习。

4．易犯错误及纠正方法

(1)易犯错误:弓步双推掌,上体前倾。

纠正方法:强调挺胸、立腰、头微上顶,眼睛平视前方。

(2)易犯错误:向右转体拧腰速度慢,造成旋转无力和腰腿脱节。

纠正方法:先反复做高姿势的快速甩头、拧腰、扫腿动作的练习,体会拧腰、扫腿动作的用力方法和连贯的要领。

(3)易犯错误:双手扶地的位置不正确。

纠正方法:强调上体右转,两掌在右腿内侧撑地。

第五章　五步拳套路动作分析

第一节　五步拳套路简介

　　五步拳是由五种步型（弓步、马步、歇步、仆步、虚步）、步法和三种手型（拳、掌、勾）编写而成的拳术小套路；主要是针对学习完手型、步型、步法等基本动作后，将这些基本动作组合起来一起进行练习、复习，有助于进一步强化手型、步型、步法的动作规范性的一种简短组合套路。同时，这套短小的五步拳也使初学者从刚开始的单个动作练习，过渡到组合动作练习，使他们体会到动作与动作之间的连接，以及"手、眼、身法、步"的协调一致，为下一阶段进行初级长拳（第三路）的学习打下坚实的基础。

第二节　五步拳套路动作名称

1. 起势
2. 弓步冲拳
3. 弹踢冲拳
4. 马步架打

5. 歇步盖打
6. 提膝仆步穿掌
7. 虚步挑掌
8. 收势

第三节 五步拳套路动作图解与教学

一、起势

(1) 两脚并步站立,两臂垂于体侧,五指并拢贴靠腿外侧;眼向前平视(见图5-1)。

(2) 接上势,两脚并步站立,拳心向上,两拳抱于腰间(见图5-2)。

二、弓步冲拳

(一)动作分析

左脚向左迈出一步,成弓步;同时,左手向左平搂并收回腰间抱拳,右拳从腰间冲出成平拳(拳心朝下),目视前方。如图5-3~图5-4所示。

(二)动作要点

(1) 头微上顶,下颌微收,挺胸、立腰、沉髋,冲拳与肩平,目视右拳。

(2) 冲拳时,要注意右臂内旋,力达拳面。

(3) 前腿弓,后脚绷,前脚尖同后脚跟成一直线。

(三)易犯错误及纠正方法

(1) 同弓步(1)~(4)。

(2) 易犯错误:冲拳过高或过低。

纠正方法:第一,教师在学生做动作前或过程中要不断提示动作要领,如冲拳的高度与肩平齐。第二,教师也可在冲拳过高或过低的学生面前,用手掌做标示给学生冲拳指定具体位置,让学生冲打教师手掌,反复锻炼。

(四)教学法

同弓步。

三、弹踢冲拳

(一)动作分析

接上势(弓步冲拳),重心前移,右腿向前弹踢,同时左拳从腰间内旋向前冲出成平拳(拳心朝下),右拳收回腰间,目视前方(见图5-5)。

（二）动作要点

（1）弹击时，挺胸、收腹、立腰，脚面绷直。收髋，弹击要有爆发力。

（2）弹踢与冲拳同时完成。

（3）冲拳高度与肩部平齐或略高。

（三）易犯错误及纠正方法

（1）同弹腿（1）～（2）。

（2）同弓步冲拳（2）。

（四）教学法

同弹腿。

四、马步架打

（一）动作分析

接上势（弹踢冲拳），右脚落地向左转体 90 度，两腿屈膝半蹲成马步，同时左拳变掌屈臂上架，右拳从腰间旋臂向右冲出成平拳（拳心朝下），目视右前方（或右拳）（见图 5－6）。

（二）动作要点

（1）挺胸、塌腰，两脚脚后跟外蹬，身体重心落于两腿之间。

（2）右脚落地、左掌上架与冲拳同时完成。

（3）冲拳高度与肩部平齐或略高。

（三）易犯错误及纠正方法

同马步（1）～（3）。

（四）教学法

（1）马步练习，体会顶劲领起，两胯与两肩平，两膝盖垂直于两脚脚尖，两胯未向内收，五趾抓地的感觉。每次站马步桩 3 分钟。

（2）组合练习。结合弓步冲拳—弹踢冲拳—马步架打反复练习。每组 5 遍，反复练习 2 组。

五、歇步盖打

（一）动作分析

（1）接上势（马步架打），左脚向右腿后插一步，同时右拳变掌向上划弧，经头上向左下盖,掌外沿向前,身体左转 90 度,左掌收回腰间抱拳,目视右掌(见图 5-7)。

(2)接上势,两腿屈膝下蹲成歇步,同时左拳旋臂向前冲出成平拳(拳心朝下),右掌变拳收回腰间,目视左拳(见图 5-8)。

(二)动作要点

(1)挺胸、塌腰,两腿靠拢并贴紧。

(2)冲左拳、收右拳与歇步下蹲同时完成。

(3)冲拳高度与肩部平齐或略低。

(三)易犯错误及纠正方法

同歇步(1)~(2)。

(四)教学法

(1)反复练习步型(歇步),左右交替进行。

(2)可结合手型、手法练习。如五步拳中的"歇步冲拳"、初级三路长拳中的"歇步抡砸"。

六、提膝仆步穿掌

(一)动作分析

(1)接上势(歇步盖打),两腿起立,身体左转,随即左拳变掌,掌心朝外(斜上方),右拳变掌,从左手背上穿出,掌心朝上,顺势左掌收至右腋下,掌心朝下(见图 5-9)。

(2)接上势,左脚落地成仆步,左掌指朝前,从左腿内侧穿至右脚面,目视左掌(见图 5-10)。

(二)动作要点

(1)挺胸、塌腰、沉髋。

(2)穿右掌、收左掌到右腋下与提膝同时完成。

(3)仆步、穿掌同时完成。

(三)易犯错误及纠正方法

同仆步(1)~(3)。

(四)教学法

(1)反复练习步型(仆步),左右交替进行。

(2)行进间练习,可结合步型、手法练习。如左右仆步穿掌。

七、虚步挑掌

（一）动作分析

接上势（提膝仆步穿掌），左腿屈膝前弓，右脚蹬地向前上步，成右虚步；同时左掌向上、向后划弧成勾手，略高于肩；右手由下向上顺右腿外侧向上挑掌，掌指朝上，略高于肩，目视前方。如图 5-11～图 5-12 所示。

（二）动作要点

（1）挺胸、塌腰、虚实分明。

（2）两臂伸直绕半立圆，后勾手高于前手掌。

（3）两臂绕环与上步成虚步同时完成。

（三）易犯错误及纠正方法

（1）同虚步（1）～（2）。

（2）易犯错误：两臂弯曲，划弧不是半立圆。

纠正方法：第一，在准备活动中要加强肩功中两臂绕环的练习。第二，在左右两臂绕环时，教师时刻提示学生要使大臂贴近耳侧，以加强立圆形成。

（四）教学法

（1）反复练习步型（虚步），左右交替进行。

（2）可结合步型、手法练习。如"抡臂砸拳—虚步挑掌"或"提膝仆步穿掌—虚步挑掌"等组合动作。

八、收势（并步抱拳）

（1）接上势（虚步挑掌），左脚向右脚靠拢并步，同时左勾手和右掌变拳收回至腰间，目视前方。如图 5-13～图 5-15 所示。

（2）接上势，两脚并步站立，两臂垂于体侧，五指并拢贴靠腿外侧；眼向前平视（见图 5-16）。

第四节　五步拳整套动作示范图

一、正面示范

五步拳整套动作的正面示范如图 5-1～图 5-16 所示。

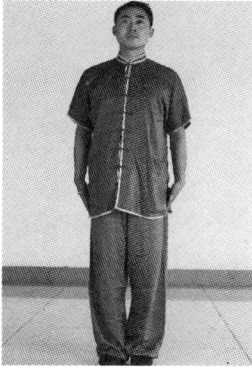

图 5 - 1

图 5 - 2

图 5 - 3

图 5 - 4

图 5 - 5

图 5 - 6

图 5 - 7

图 5 - 8

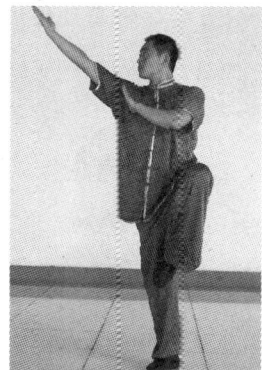

图 5 - 9

图 5 - 10

图 5 - 11

图 5 - 12

图 5 - 13

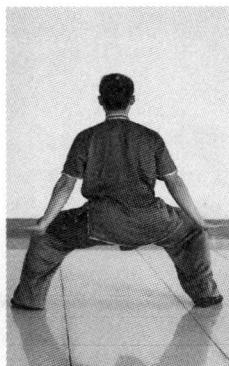
图 5 - 14

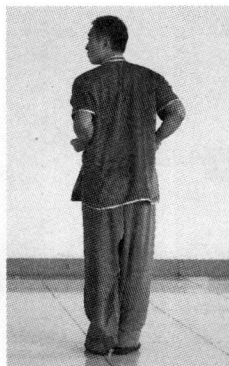
图 5 - 15

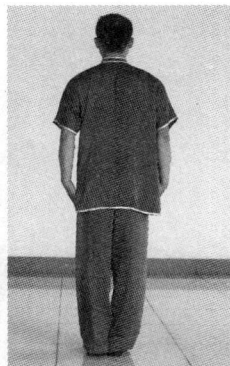
图 5 - 16

二、反面示范

五步拳整套动作的反面示范如图 5 - 1(反)～图 5 - 16(反)所示。

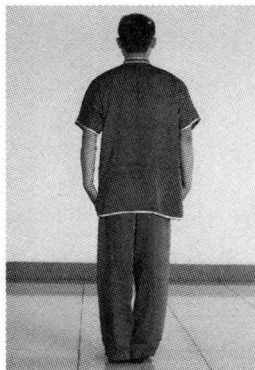
图 5 - 1(反)

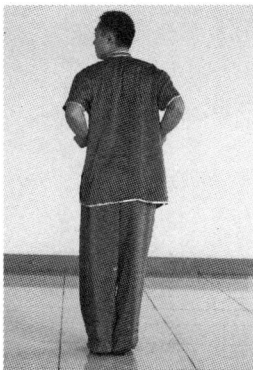
图 5 - 2(反)

图 5 - 3(反)

图 5-4（反）

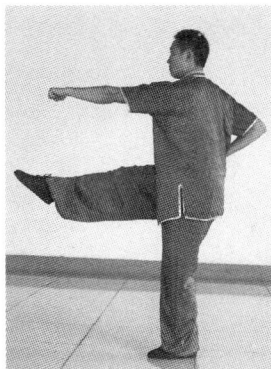

图 5-5（反）

图 5-6（反）

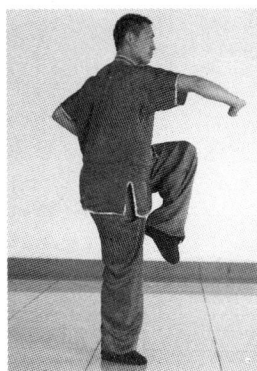

图 5-7（反）

图 5-8（反）

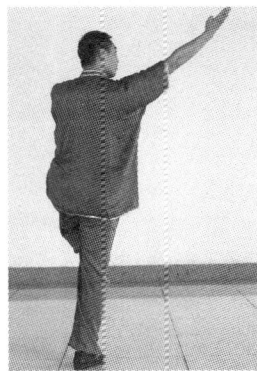

图 5-9（反）

图 5-10（反）

图 5-11（反）

图 5-12（反）

  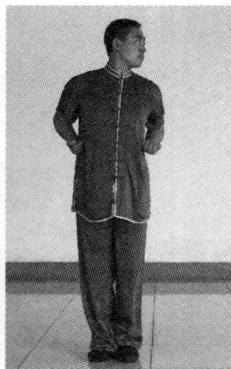 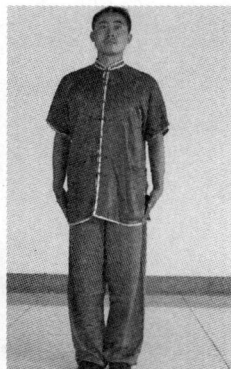

图 5 - 13(反)　　　　图 5 - 14(反)　　　　图 5 - 15(反)　　　　图 5 - 16(反)

第六章　初级长拳第三路套路动作分析

第一节　初级长拳第三路套路简介

初级长拳第三路一直以来是体育院校体育教育专业普修"武术"课程必选的教学内容，它也是中国武术段位制"三段"考试的规定内容。然而过去初级长拳第三路的教学对套路动作中的攻防含义和易犯错误的关注较少，使得学生在学习初级长拳（第三路）时对动作的细节问题领会还不够全面与深入。笔者经过多年的武术教学实践，发现学生对套路动作中实战技法的关注比对套路动作演练的兴趣要高，因此，在编写这本武术普修教材时，就特别重视对初级长拳第三路的实战技法的分析，与此同时，本教材对学生学习过程中的易犯错误也给予了较多关注，以提高动作质量和加强学生对正确动作的把握与领会。该套路虽然是初级套路，但内容较为丰富，步型有弓步、马步、歇步、虚步、仆步等；手型有拳、掌、勾；手法有冲拳、劈拳、砸拳、挑拳和击掌、摆掌、穿掌、挑掌、亮掌等；肘法有盘肘、顶肘；腿法有正踢、二起脚、弹踢、侧踹等。该套路的动作路线直来直去一条线，闪展腾挪，穿蹦跳跃，姿势舒展大方，起伏转折，造型优美。

第二节　初级长拳第三路套路动作名称

一、起势动作

1. 虚步亮拳　　　　　　2. 并步对拳

二、第一段动作

1. 弓步冲拳　　　　　　5. 弹腿冲拳
2. 弹腿冲拳　　　　　　6. 大跃步前穿
3. 马步冲拳　　　　　　7. 弓步击掌
4. 弓步冲拳　　　　　　8. 马步架掌

三、第二段动作

1. 虚步栽拳　　　　　　5. 马步击掌
2. 提膝穿掌　　　　　　6. 插步双摆掌
3. 仆步穿掌　　　　　　7. 弓步击掌
4. 虚步挑掌　　　　　　8. 转身踢腿马步盘肘

四、第三段动作

1. 歇步抡砸拳　　　　　5. 马步冲拳
2. 仆步亮掌　　　　　　6. 弓步下冲拳
3. 弓步劈拳　　　　　　7. 插步亮掌侧踹腿
4. 换跳步弓步冲拳　　　8. 虚步挑拳

五、第四段动作

1. 弓步顶肘　　　　　　5. 歇步下冲拳
2. 转身左拍脚　　　　　6. 仆步抡劈拳
3. 右拍脚　　　　　　　7. 提膝挑掌
4. 腾空飞脚　　　　　　8. 提膝劈掌弓步冲拳

六、收势动作

1. 虚步亮掌　　　　　　2. 并步对拳

第三节　初级长拳第三路套路动作图解与教学

一、起势动作

（一）并步站立

1. 动作分析

两脚并步站立，两臂垂于体侧，五指并拢贴靠腿外侧；眼向前平视（见图 6-1）。

2. 动作要点

头要正，下颌微收，挺胸、立腰、收腹。

（二）虚步亮掌

1. 动作分析

（1）右脚向后方撤步，成左弓步；同时，右掌外旋向右前上方划弧砍掌，掌心向上，左掌提至腰侧，掌心朝上，目视右掌（见图 6-2）。

（2）重心移至右腿；同时，左掌经胸前由右臂上方向前穿出伸直，右掌向下经胸前向右后方划弧，目视右掌（见图 6-3）。

（3）接上势，重心继续后移，右腿屈膝下蹲，左脚稍向右移，脚尖点地成左虚步；伴随身体左转，左掌内旋向左后划弧成勾手，勾尖向上，右掌继续向上划弧，在头前上方屈肘抖腕亮掌，目视左前方。如图 6-4～图 6-5所示。

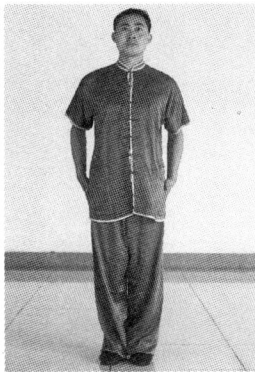  

图 6-1　　　　　　　　　图 6-2　　　　　　　　　图 6-3

图 6 - 4

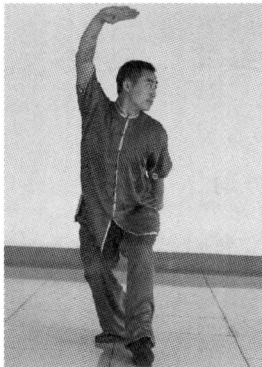

图 6 - 5

2. 动作要点

（1）整个动作要连贯一致，上体要随右手的变化向左、向右转动。

（2）眼要随右手转动。

（3）定势完成时，重心落于右腿上，大腿平行于地面，左腿微屈，脚尖虚点地。

（4）头微上顶，下颌微收，挺胸、立腰、收髋，上体保持正直。

3. 易犯错误

（1）右臂弯曲过大或右手未在头顶上方亮掌。

（2）身体前倾，左脚用力。

（3）眼未随手走，抖腕亮掌与眼配合不一致。

（三）并步对拳

1. 动作分析

（1）接上势（虚步亮掌），右腿蹬直，左腿提膝，脚尖向里扣，身体直立，上身姿势保持不变（见图 6 - 6）。

（2）左脚向前落步，重心前移。左勾手变掌经腰侧向前穿出；同时，右臂外旋下落于左掌右侧，两掌同高，掌心向上（见图 6 - 7）。

（3）右脚向前一大步，两臂下落向后摆，左脚向右脚并步；同时，两臂继续向外、向上经胸前屈肘下按，两掌变拳，两拳相对，掌心向下，停于小腹前，向左甩头。如图 6 - 8 ～ 图 6 - 10 所示。

图 6 - 6

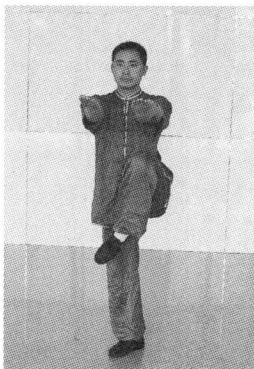

图 6 - 7

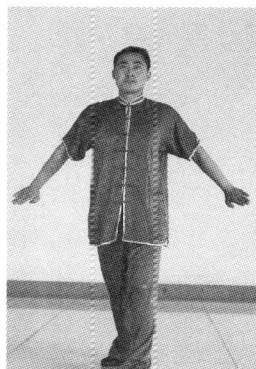

图 6 - 8

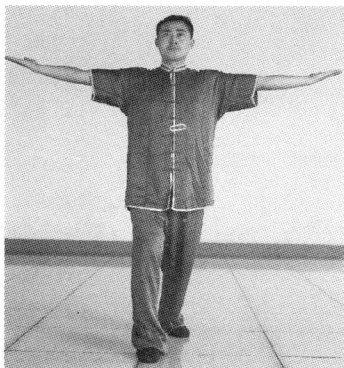

图 6 - 9

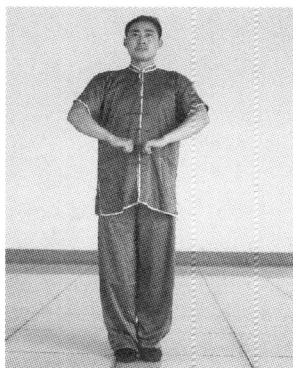

图 6 - 10

2. 动作要点

(1) 提膝独立时,大腿高于水平。

(2) 并步时,挺胸、立腰、对拳、甩头同时完成。

3. 易犯错误

(1) 提膝高度不够。

(2) 并步、对拳、甩头不能同时完成,协调不一致。

4. 教学法

(1) 原地双手穿掌练习。

(2) 原地站立,穿掌与抖腕、甩头结合练习。

(3) 上肢与下肢结合起来练习,刚开始动作可慢一点,教师领做为主;待动作路线熟悉后,动作就可加快,教师可在学生完成动作的过程中不断给予要领提示。如抖腕亮掌与甩头同时完成。

二、第一段动作

（一）弓步冲拳

1. 动作分析

（1）接上势（并步对拳），身体左转，左脚向左上一步，脚尖向斜前方，右腿微屈成半马步，同时，左臂屈肘向上、向左格挡，拳眼向后、拳与肩同高，右拳收至腰侧，拳心向上，目视左拳（见图6-11）。

（2）接上势，右腿蹬直成左弓步，右拳由腰间向前冲出成立拳，高与肩平，拳眼向上；同时，左拳收至腰间，拳心向上，目视右拳（见图6-12）。

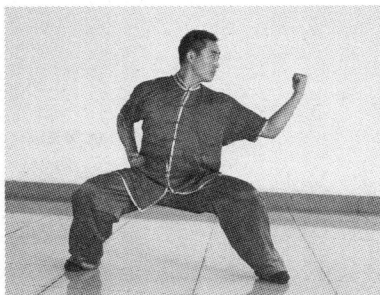 

图6-11   图6-12

2. 动作要点

（1）成左弓步时，右腿充分蹬直，脚尖内扣，脚跟不要离地。

（2）冲拳时要转腰顺肩。

3. 易犯错误

（1）右脚脚后跟离地或掀起。

（2）冲拳过高或过低，身体过度前倾。

（3）右拳向前冲出成平拳。

4. 教学法

（1）原地格挡练习，可两人结合共同练习。

（2）可结合手法、步法、步型等练习，如弓步、马步反复转换练习。

（3）行进间弓步冲拳练习，在冲拳过程中，要注意以下几点：第一，教师要不断强调弓步的后脚脚后跟不要离地或掀起。第二，平拳与立拳的区分。第三，冲拳的高度。第四，上体不要过度前倾。

（二）弹腿冲拳

1. 动作分析

接上势（弓步冲拳），重心前移至左腿，右腿屈膝提起，脚面绷直，猛力向前弹出伸直，高与腰平；同时，左拳从腰间向前伸出成立拳，拳眼向上，右拳收至腰侧，拳心向上，目视前方（见图 6-13）。

图 6-13

2. 动作要点

（1）弹腿、冲拳协调一致，同时进行。

（2）弹腿要用爆发力，力点达于脚尖。

3. 易犯错误

（1）上体前倾，脚面未绷直。

（2）右腿屈膝提起，高度不够，就直接弹腿。

4. 教学法

（1）原地站立，上体保持正直，反复进行弹踢练习。

（2）可结合手法、腿法练习，如弹踢冲拳；也可行进间进行弹踢冲拳练习。

（三）马步冲拳

1. 动作分析

接上势（弹踢冲拳），右脚向前落步，脚尖里扣，右脚脚跟后蹬，上体左转，两腿下蹲成马步；右拳向前冲出成立拳，拳眼向上，目视右拳（见图 6-14）。

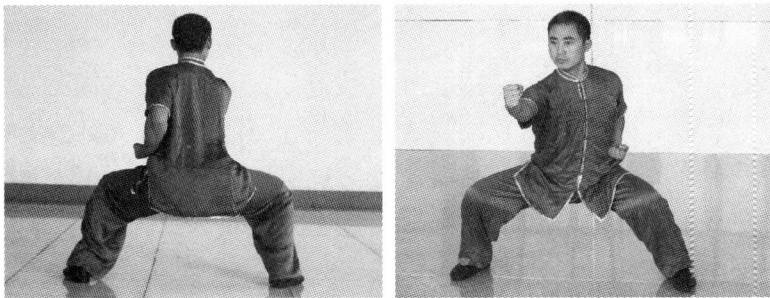

图 6-14

2. 动作要点

（1）成马步时，大腿接近水平，脚跟外蹬，挺胸塌腰。

（2）冲拳与转体相合一致。

3．易犯错误

（1）成马步时，易出现膝超脚尖、顶胯等现象。

（2）冲拳过高或过低。

（3）右拳冲出易平拳。

4．教学法

（1）反复练习步型基本功——马步，教师时刻给学生提示马步的规范要求：收髋，两膝不能超过脚尖。

（2）原地马步冲拳时，对冲拳过高或低的学生，教师可采取给定冲拳指定位置。如教师用手掌指定位置，让学生冲击自己的手掌，反复几次练习，来纠正冲拳过高或低的学生。

（3）可结合弓步冲拳、弹踢冲拳、马步冲拳进行练习，加强对动作规范的熟练性。

（四）弓步冲拳

1．动作分析

（1）接上势（马步冲拳），上体右转 90 度，右脚尖撇向斜前方，成半马步，右臂屈肘向右格挡，拳眼向后，拳与肩同高，目视右拳（见图 6－15）。

（2）左腿蹬地冲拳，成右弓步，左拳向前冲出，成立拳，拳眼向上；同时，右拳收回腰间，拳心向上，目视左拳（见图 6－16）。

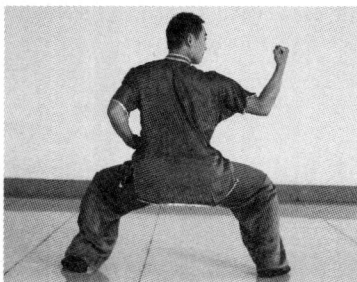
图 6－15

图 6－16

2．动作要点

与弓步冲拳相同，唯有左右方向相反。

3．易犯错误

同弓步冲拳。

4．教学法

同弓步冲拳。

（五）弹腿冲拳

1. 动作分析

接上势（弓步冲拳），重心前移至右脚，左腿屈膝提起，脚面绷直，猛力向前弹出伸直，高与腰平；同时，右拳从腰间向前冲出成立拳，拳眼向上，左拳收至腰侧，拳心向上，目视前方（见图6-17）。

2. 动作要点

与弹踢冲拳相同，唯有左右方向相反。

3. 易犯错误

同弹踢冲拳。

4. 教学法

同弹踢冲拳。

（七）大跃步前穿

1. 动作分析

图6-17

（1）接上势（弹腿冲拳），左腿屈膝，右拳变掌内旋，以手背向下挂至左膝外侧，上体前倾，目视右手（见图6-18）。（收腿挂掌）

（2）接上势，左脚向前落步，两掌后摆，重心移至左脚，两腿微屈，右拳继续向后挂，向后下摆掌伸直，目视右拳（见图6-19）。（上步后摆掌）

（3）接上势，右腿屈膝向前提起，左腿猛力蹬地向上、向前跃起，跳起后双小腿后背，身体右转；同时，两掌向前、向上划弧摆起，目视左拳（见图6-20～图6-21）。（跃步上摆掌）

（4）右脚落地全蹲，左脚随即落地向前铲出成左仆步；右掌变拳抱于腰侧，左掌由上向右、向下划弧成立掌停于右胸前，目视左脚（见图6-22）。（仆步抱拳）

图6-18

图6-19

图6-20

图 6 - 21

图 6 - 22

2. 动作要点

(1) 左腿起跳。

(2) 空中挺胸抬头,伸展屈肘。

(3) 跳起后在空中挺身背腿。

(4) 跃步要远,落地要轻,落地后立即做下一个动作。

3. 易犯错误

(1) 换步不协调。

(2) 摆掌与下肢不能协调一致。

(3) 跳起后在空中未挺身背腿。

4. 教学法

先进行分解教学,逐渐过渡到整个动作。

(1) 练习左腿连续单跳,体会左腿发力。

(2) 练习换步:左脚蹬地起跳,右脚落地,左脚悬空后伸。

(3) 练习挥臂:两臂在体侧,依次向上划弧,最后停在身体右侧。

(4) 练习静止动作。如"望月平衡"等。

(5) 将(2)和(3)结合起来进行练习。

(七) 弓步击掌

1. 动作分析

接上势(大跃步前穿),右腿猛力蹬直,成左弓步,上体左转,左掌经左脚面向后划弧至身后成勾手,左臂伸直,勾尖朝上;右拳变掌,从腰间向前推出成立掌,掌指向上,目视右掌(见图 6 - 23)。

图 6 - 23

2．动作要点

（1）推掌要迅速，手臂要伸直。

（2）勾手、推掌动作协调一致，同时完成。

3．易犯错误

（1）手臂易弯曲。

（2）左手勾尖未朝上，右掌推掌高度过高。

（3）上体前倾。

4．教学法

（1）先进行原地左右推掌练习。

（2）结合大跃步前穿的最后定势动作，但是与大跃步前穿最后定势不同的是站立式，不是仆步，但上体手型与大跃步前穿最后定势一样，保持不变；然后进行原地推掌练习，主要体会推掌、勾手完成后，两臂要伸直，左勾手勾尖朝上。反复多练，教师在学生做动作的过程中不断地进行提示。

（3）再结合步型、步法进行弓步击掌练习，或者组合练习，如"大跃步前穿—弓步击掌"。

（八）马步架掌

1．动作分析

（1）接上势（弓步击掌），右脚外撇，左脚脚尖里扣，重心移至两腿之间，上体右转成马步。右掌向左侧平摆稍屈肘收至左胸前，掌心朝上，司时左勾手变掌由后经左腰侧从右臂内向前上穿出，掌心朝上，目视左手（见图 6-24）。（转体穿掌）

（2）接上势，上体继续右转；左臂向左上方屈肘抖腕，亮掌于头部左上方，掌心向前上方，右掌屈肘，立掌于左胸前，转头向右，目视右方（见图 6-25）。（转头亮掌）

图 6-24

图 6-25

2. 动作要点

马步、亮掌、转头要协调一致,同时完成。

3. 易犯错误

(1) 右掌屈肘于左胸前,未形成立掌。

(2) 亮掌时未转头向右。

4. 教学法

(1) 先进行原地左右穿掌练习,同时还要平时注意基本功步型(马步)的练习。

(2) 穿掌、亮掌、转头结合在一起练习,主要体会亮掌与转头的一致性。

三、第二段动作

(一) 虚步栽拳

1. 动作分析

(1) 接上势(马步架掌),重心左移,右脚蹬地,屈膝提起,左腿伸直,以前脚掌为轴向右后转体180度,右掌由左胸前向下经右腿外侧向左划弧成勾手,勾尖向后,左臂随身体转动左掌外旋,掌心朝右,目视右手(见图6-26)。(提膝转体)

(2) 接上势,右脚下落,重心移至右腿,下蹲成左虚步,左掌变拳下落于左膝上,拳眼向里,拳心向后;右勾手变拳,屈肘向上架于头右上方,拳心向前,目视左方(见图6-27～图6-28)。(虚步栽拳)

图6-26   图6-27   图6-28

2. 动作要点

(1) 挺膝、立腰、收髋、虚实分明(左虚右实)。

（2）转体、提膝、勾手划弧，要协调一致，同时完成。

3. 易犯错误

（1）挺髋、上体后仰。

（2）左拳落于左膝上，易拳心朝里。

（3）转体、提膝、勾手划弧与眼法变化配合不一致。

4. 教学法

（1）注意平时基本功步型（虚步）的练习，反复进行练习，以熟练掌握虚步的动作要求。

（2）教师要结合攻防含义进行教学，加强学生对动作的理解程度，如勾手划弧的实战用法等。

（3）在学生完成动作过程中，教师要不断给他们提示手法、步法以及眼法的动作要领，以提高动作姿势的审美性。

（二）提膝穿掌

1. 动作分析

（1）接上势（虚步栽拳），右腿稍伸直，右拳变掌收至腰侧，掌心向上，左拳变掌由下向上划弧盖压于头前上方，掌心向前，目视左拳（见图6-29）。（转头盖章）

（2）接上势，右腿蹬直，左脚屈膝提起，脚尖里扣，右掌从腰间经左臂内向右前上方穿出，拳心向上，左拳收至右胸前成立掌，目视右拳（见图6-30）。（提膝穿掌）

图6-29

图6-30

2. 动作要点

（1）支撑腿与右臂要伸直。

（2）左脚脚尖里扣。

3. 易犯错误

（1）支撑腿与右臂易弯曲。

（2）左脚脚尖未内扣。

4. 教学法

（1）注意平时加强基本功提膝动作的练习，以熟练掌握提膝动作的技术要求。

（2）在学生完成动作的过程中，教师不断提示学生右穿掌要从左臂内向前上方穿出、支撑腿与右臂要充分伸直，这样有助于学生较快地掌握动作要领。

（三）仆步穿掌

1. 动作分析

接上势（提膝穿掌），右腿全蹲，左脚向左后方铲出成左仆步，左掌由右胸前向下经左腿内侧，向左脚脚面穿出，眼随左掌转视（见图 6-31）。

2. 动作要点

（1）仆步与穿掌同时完成。

（2）前手低，后手高，两臂伸直，上体向左侧前倾。

图 6-31

3. 易犯错误

（1）仆步与穿掌未同时进行。

（2）后手易落下，未伸直。

（3）身体未向左侧，前倾。

4. 教学法

（1）注意平时加强基本功步型（仆步）的练习，以熟练掌握仆步的动作要求。

（2）在学生练习仆步穿掌的动作过程中，教师要不断地提示要领：第一，左掌穿掌要经左腿内侧向前穿出。第二，后手要伸直，不要落下。第三，身体前倾，也就是向左侧前倾。

（四）虚步挑掌

1. 动作分析

（1）接上势（仆步穿掌），右腿蹬直，重心前移至左腿，成左弓步，左掌随重心前移向前上挑，右掌稍下降，目视左掌（见图 6-32）。（弓步前穿）

（2）接上势，右脚向左前方上步成右虚步，身体随上体左转 180 度；同时，左掌伴随着右脚上步，由前向上，向后划弧成立掌，右掌由向下、向前上挑起成立掌，指尖与眼平，目视右拳（见图 6-33）。（虚步挑掌）

图 6-32

图 6-33

2. 动作要点

(1) 上步要快,虚步要稳。

(2) 左手高于右手。

3. 易犯错误

(1) 髋关节未向内收。

(2) 重心前倾移,身体前倾。

(3) 右手高或平于左手。

4. 教学法

(1) 注意平时加强基本功步型(虚步)的练习,以熟练掌握虚步的动作要求。

(2) 结合提膝穿掌、仆步穿掌、虚步挑掌等进行练习。在学生完成此动作过程中,教师要不断地提示要领:第一,虚步要收髋,上体保持正直。第二,重心在后,不在前。第三,左手略高于右手。

(五)马步击掌

1. 动作分析

(1) 接上势(虚步挑掌),右脚落实,脚尖外展,身体稍起,重心前移,左掌变拳收至腰侧,右掌俯掌向外捋手(见图 6-34)。(捋手抱拳)

(2) 接上势,左脚向前上一步,右脚为轴向右转体 180 度,下蹲成马步;左拳变掌从右臂上立掌向左侧击出,力达掌根,右掌变拳收至腰侧,目视左拳(见图 6-35)。(上步击掌)

2. 动作要点

(1) 右掌变拳:要做捋手,先使臂内旋,腕伸直,手掌、臂外旋,抓握成拳,拳心向上,收至腰间。

(2) 右手收拳和左手击掌要同时进行。

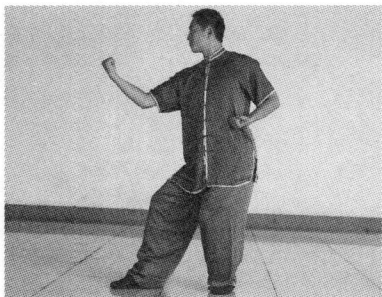

图 6-34

图 6-35

3. 易犯错误

（1）易忽略掳手动作要领，即手臂外旋、抓握成拳。

（2）收拳与击掌未同时进行。

4. 教学法

（1）课堂上教师先讲解一下什么是掳手，如何做，并结合示范动作进行讲解。

（2）结合攻防含义，要讲解掳手的实战用法，让学生两人配合，相互练习，体会掳手的实战用法。

（3）进行马步击掌完整动作教学。在学生完成动作过程中，教师不断地给学生进行要领提示，如：掳手要领、收拳与击掌一步到位等。

（六）插步双摆掌

1. 动作分析

（1）接上势（马步击掌），重心稍向右移后，右拳变掌；同时，两掌由下向右摆，掌指均向上，目视右拳（见图6-36）。

（2）接上势，右脚向左腿后插步，前脚掌着地，两臂划立圆由右向上、向左摆，停于身体左侧，均成立掌，右掌停于左肘窝处，眼随双掌转视（见图6-37）。

图 6-36

图 6-37

2. 动作要点

(1) 两臂要划立圆,幅度要大。

(2) 摆掌与插步配合一致。

3. 易犯错误

(1) 摆掌路线易出错,由上、向右、再向左摆掌。

(2) 摆掌与插步配合不协调。

4. 教学法

(1) 先原地站立练习双摆掌,体会运动路线。

(2) 结合步法(插步)练习,体会步到、掌到(也就是摆掌与插步同时进行)。教师可让学生先练习插步,待掌握后,再练习摆掌与插步同时进行,并强调眼睛要随双掌转视,两臂要划立圆,幅度尽可能大。

(七) 弓步击掌

1. 动作分析

(1) 接上势(插步双摆掌),两腿不动,身体右转,左掌收至腰侧,掌心向上,右掌向上,向右划弧,掌心向下按掌,目视右拳(见图 6-38)。(转身按掌)

(2) 接上势,左腿后撤一步,成右弓步,右掌向下、向后划弧,成反臂勾手,勾尖向上,左掌从腰间向前推出成立掌,目视左掌(见图 6-39)。

图 6-38　　　　　　　　　　　　　　图 6-39

2. 动作要点

(1) 右手划弧成立圆。

(2) 撤步、推掌同时完成。

(3) 推掌与左腿蹬地形成对拉力。

3. 易犯错误

(1) 右手易划半圆弧。

(2)撤步与推掌不协调一致。

4．教学法

(1)先原地练习弓步击掌中的分解动作，收左手，右手划弧按掌，体会右手划立圆弧，并有按劲。

(2)反复练习原地推掌和撤步。

(3)撤步与推掌结合一起做练习。在学生完成动作过程中，教师不断地提示动作要领，如：第一，右手划立圆弧。第二，撤步、推掌同时进行。

（八）转身踢腿马步盘肘

1．动作分析

(1)接上势(弓步击掌)，伴随着两脚以前脚掌为轴向左、向后转体180度，重心移向左脚；同时，左臂向上、向前划半立圆，右臂向下、向后划半立圆，目视左手。同时，上动不停，两脚不动，右臂由后向上、向前划半立圆，左臂由前向下、向后划半立圆，目视前方(见图6-40)。

(2)接上势，上动不停，右臂向下成反臂勾手，勾尖向上，左臂向上成亮拳，拳心向前上方，右腿伸直，脚尖勾起，向前额做正踢腿(见图6-41～图6-42)。

(3)接上势，右腿向前落地，脚尖内扣，上体左转90度，两腿下蹲成马步；同时，左臂下落至胸前，左掌向前，向左开捋变拳收至腰侧，右勾手变拳，右臂伸直，由体后向左、向前平摆至体前屈肘，肘尖向前，高与肩平，掌心向下，目视肘尖(见图6-43)。

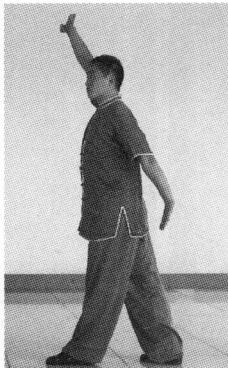  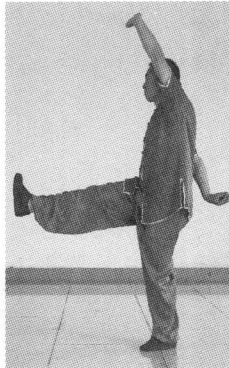 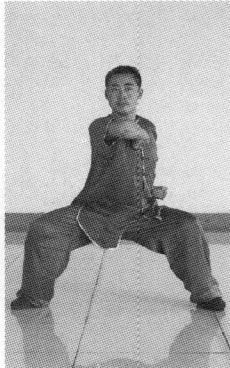

图6-40　　　　图6-41　　　　图6-42　　　　图6-43

2．动作要点

(1)两臂要划立圆，动作连贯。

(2)盘肘时要快速有力。

(3)完成动作时，肘尖要向前。

3. 易犯错误

(1) 两臂抡动不连贯，未划成立圆。

(2) 盘肘无力，完成动作时，肘尖朝右。

4. 教学法

(1) 在平时准备活动中，加强肩臂绕环练习，提高肩关节的柔韧性。

(2) 原地两臂划立圆练习(按照转身踢腿马步盘肘动作中的抡臂要求来做)。

(3) 在平时准备活动时，要注意正踢腿的练习，教师如果上"学习转身踢腿马步盘肘"的一堂课，要特别注意在准备活动中设置肩臂绕环、腿法中的正踢腿练习、左右盘肘练习、步法中的马步练习等内容。

(4) 将抡臂、踢腿、马步盘肘这些分解动作串起来练习，一气呵成。在反复操练动作时，教师要不断提示动作要领，以加强学生对该动作规范性的理解与掌握。

四、第三段动作

(一)歇步抡砸拳

1. 动作分析

(1) 接上势(转身踢腿马步盘肘)，重心稍升高，右脚尖稍外展；右臂由胸前并向上、向左抡直，左臂由腰间向下、向左抡直，目视右拳(见图6-44)。

(2) 接上势，重心升高，两脚以前脚掌为轴，向右后转体180度，右臂向下、向后抡摆，左臂向上、向前随身体转动，目视左拳(见图6-45)。

(3) 接上势，两腿全蹲成歇步，左臂随身体下蹲向下平砸，拳心朝上，左臂微屈，力达拳背，右臂伸直向上举起，目视左拳(见图6-46)。

图6-44　　　　　图6-45　　　　　图6-46

2. 动作要点

(1) 抡臂动作要连贯、划立圆。

（2）歇步要两腿交叉全蹲，臀部贴于左小腿外侧，膝关节在右小腿外侧，脚跟提起，右脚脚尖外展，全脚掌着地。

（3）左臂微屈，右臂伸直上举。

3．易犯错误

（1）抡臂未划成立圆。

（2）歇步未做好，臀部未贴于左小腿外侧，右脚尖未外展。

（3）左臂弯曲幅度大，右臂未伸直上举。

4．教学法

（1）在课堂准备活动中，注意设置歇步、肩臂绕环等练习，加强学生对歇步动作要领的掌握。

（2）结合肩臂绕环练习、步法（歇步）、手法，完成歇步抡砸动作。教师在学生完成动作过程中，不断提示动作要领。

（二）仆步亮掌

1．动作分析

（1）接上势（歇步抡砸拳），左脚由右腿后抽出上前一步，左腿蹬直，脚尖里扣，右腿半蹲，成右弓步；上体微向右转，左拳收至腰侧，同时，右拳变掌向下经胸前向右横击掌，目视右掌（见图6-47）。

图6-47

（2）接上势，右脚蹬地屈膝提起；上体右转，左拳变掌从右掌上向前穿出，掌心向上，右掌平收至左肘下（见图6-48）。

（3）接上势，右脚向右落步，屈膝全蹲，左腿伸直成左仆步；左手掌向下、向后划弧成勾手，勾尖向上，右掌向右、向上划弧微屈，抖腕成亮掌；目视左方（见图6-49～图6-50）。

图6-48

图6-49

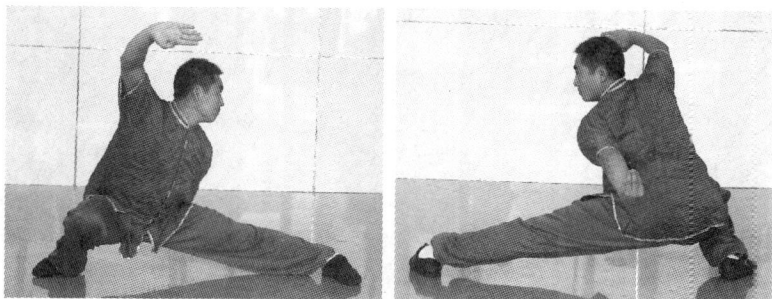

图 6 - 50

2. 动作要点

（1）仆步时，左腿充分伸直，脚尖内扣，全脚掌着地。

（2）右腿全蹲，全脚掌着地。

（3）上体挺胸、立腰、微左转。

（4）整个动作要连贯。

3. 易犯错误

（1）回身横击掌易做成回身插掌。

（2）左掌未穿掌。

（3）抖腕亮掌与眼神未同时进行。

4. 教学法

（1）教师首先给学生讲解什么是横切掌，并让其模仿示范动作练习左右横切掌。

（2）原地练习穿掌、抖腕亮掌、甩头意识，反复进行练习，体会穿掌、抖腕亮掌、甩头意识等的同时进行。

（3）行进间仆步穿掌练习，体会穿掌、仆步同时进行。

（4）在学生完成动作过程中，教师要不断提示动作的要领；同时，对错误比较严重的学生，教师要手把手地予以纠正，使学生动作更加规范。

（三）弓步劈拳

1. 动作分析

（1）接上势（仆步亮掌），右腿蹬地立起，左腿收回并向左前方上步；右掌变拳收至腰侧，左勾手变掌由下向前经胸前，向左掳手，掌心横向外，目视左手（见图 6 - 51～图 6 - 52）。

（2）接上势，右腿经左腿前方向左绕上一步，左腿蹬直成右弓步；左手向左平掳后再向前挥摆虎口向前；同时，右拳向后平摆再向上、向前做抢劈拳，高与耳平,拳心向上,左掌外旋接扶右前臂;目视右拳(见图6-53)。

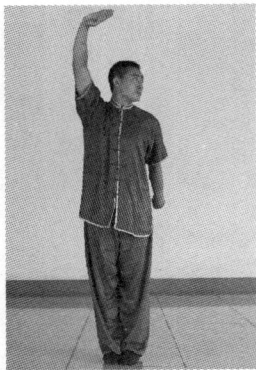 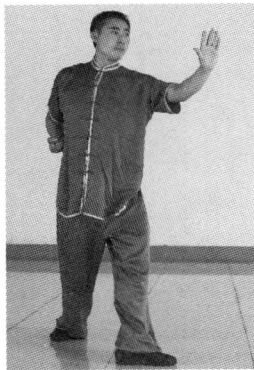 

图 6-51 图 6-52 图 6-53

2．动作要点

(1)左右脚上步稍带弧形。

(2)搂手动作要突显。

(3)右臂要伸直成弓步,左腿挺膝瞪直。

3．易犯错误

(1)右臂未伸直。

(2)两脚上步未走弧形步。

(3)搂手动作不突显。

4．教学法

(1)在课堂准备活动中,教师要安排弧形步练习。

(2)进一步强化练习搂手动作。

(3)在学生完成弓步劈掌动作时,教师应强调右臂要伸直。

(四)换跳步弓步冲拳

1．动作分析

(1)接上势(弓步劈拳),重心后移,右脚稍向后移动;右拳变掌臂内旋,以掌背向下划弧挂至右膝内侧,左掌背贴靠右肘内侧,掌指向前,目视右拳(见图6-54)。

(2)接上势,右腿自然上抬起,上体稍向左扭转;右掌挂至体左侧,左掌向右腋下插,目随右掌转视。同时,右脚上抬,全脚掌用力向下震脚,随即左脚急速离地抬起;同时,上体稍向左转,再向右转,伴随着转体,右掌由左向上、向前搂盖而后变拳收至腰间,左掌经右腋,伸直向下、向上、向前屈肘横掌下按,掌心向下,目视左掌。如图 6-55~图 6-57 所示。

(3)接上势,左脚向前落步,右腿蹬直成左弓步;同时,右拳向前冲出成立掌,拳眼朝上,高与肩平,左掌收回于右腋下,掌背贴靠腋窝,目视右拳(见图 6-58)。

图 6-54

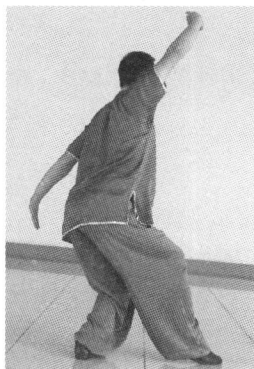

图 6-55

图 6-56

图 6-57

图 6-58

2. 动作要点

(1)换跳步动作要连贯协调。

(2)震脚时腿要弯曲,全脚掌着地,左脚离地不要过高。

(3)两臂绕环要成立圆。

3. 易犯错误

(1)换跳步动作不协调。

(2)右脚震脚、左脚离地,两脚抬起过高。

(3)肩臂绕环划弧未形成立圆状。

4．教学法

（1）在课堂准备活动中，教师要安排换跳步练习，让学生体会跳步动作要领。

（2）原地肩臂绕环动作练习，强调立圆。

（3）反复练习弓步冲拳，体会弓步冲拳的要领，如挺胸、收腹、立腰、眼睛平视前方、拳与肩平等。

（4）在学生完成换跳步弓步冲拳的过程中，教师要时刻不断地提示要领。

（五）马步冲拳

1．动作分析

接上势（换跳步弓步冲拳），上体右转90度，重心移至两腿中间，成马步；右拳收至腰侧，左掌变立拳向左冲出；目视左拳（见图 6 - 59）。

2．动作要点

同第一段动作中的"马步冲拳"。

3．易犯错误

同第一段动作中的"马步冲拳"。

4．教学法

同第一段动作中的"马步冲拳"。

图 6 - 59

（六）弓步下冲拳

1．动作分析

接上势（马步冲拳），右腿蹬直，左腿弯曲，上体稍向左转，成左弓步；左拳变掌向下经体前向上架于头左上方，掌心向上，右拳自腰侧向左前斜下方冲出；目视右拳（见图 6 - 60～图 6 - 61）。

图 6 - 60

图 6 - 61

2. 动作要点

冲拳不能高于肩。

3. 易犯错误

(1) 冲拳高度易与肩平。

(2) 冲出的拳是立拳。

4. 教学法

(1) 在课堂基本功练习中,安排弓步与马步的变换练习,体会马步变弓步的重心变化。

(2) 结合弓步下冲拳的攻防含义,给学生进行讲解,特别要指出下冲拳主要是攻击对手腹部,以提高学生冲拳位置的准确性。

(七) 插步亮掌侧踹腿

1. 动作分析

(1) 接上势(弓步下冲拳),上体稍右转;左掌由头上下落于右手腕上,右拳变掌,两手交叉成十字;目视双手(见图 6-62)。

(2) 接上势,右脚蹬地向左腿后插步,以前脚掌着地;同时,左掌由体前向下、向后划弧成勾手,勾尖向上,右掌由前向右、向上划弧抖腕亮掌,掌心向前;目视左侧(见图 6-63)。

(3) 接上势,重心移至右腿,左腿屈膝提起,向左上方猛力踹出;上肢姿势不变,目视左侧(见图 6-64)。

图 6-62 　　　　　　图 6-63 　　　　　　图 6-64

2. 动作要点

(1) 叉步时,腿、臂动作要一致。

(2) 侧踹腿高度不能低于腰,大腿内旋,力达脚跟。

(3) 抖腕亮掌、甩头要同时完成。

3．易犯错误

（1）侧踹腿高度不够，或着力点在前脚掌和脚尖。

（2）踹腿时，身体倾斜幅度太大。

4．教学法

（1）课堂上基本功要安排踹腿练习，讲解踹腿的基本动作要领，结合示范动作反复进行练习。

（2）在柔韧性练习过程中，教师要强调压髋关节的重要性，特别是侧压腿，这有助于更好完成踹腿动作。

（3）原地练习穿掌、抖腕亮掌、甩头意识，增强学生对这些动作要领的熟练性。

（4）在学生完成插步亮掌侧踹腿的过程中，教师要不断提示动作要领。

（八）虚步挑拳

1．动作分析

（1）接上势（插步亮掌侧踹腿），左脚在左侧落地；右掌变拳稍向后移，左勾手变拳由体后向左上挑，拳背向上（见图 6-65）。

（2）接上势，上体左转 180 度，右腿提起向左前方上步，脚尖点地，重心落于左脚，左腿下蹲成左虚步；同时，左拳向上、向后划弧收至腰侧，拳心向上，右拳向下、向前划弧，经右膝外侧向前屈臂挑起，拳眼斜向上，高与肩平；目视右拳（见图 6-66）。

图 6-65   图 6-66

2．动作要点

（1）挑拳发力与脚尖点地同时完成。

（2）虚步动作，大腿接近水平。

（3）两臂绕环要划立圆。

3. 易犯错误

（1）完成动作姿势后，身体重心易前倾，造成上体向前倒。

（2）右拳向前挑起，屈臂幅度大。

（3）两臂绕环未划成立圆。

4. 教学法

（1）课堂基本功要安排虚步、肩臂绕环等练习。

（2）原地练习右虚步挑拳（右拳）练习，体会挑拳发力与脚尖点地同时完成。

（3）在学生完成虚步挑拳动作的过程中，教师要不断地提示动作要领。

五、第四段动作

（一）弓步顶肘

1. 动作分析

（1）接上势（虚步挑拳），重心升高，右脚踏实；右臂内旋向下直臂划弧以拳背下挂至右膝内侧；左拳不变，目视前下方（见图 6 - 67）。

（2）接上势，左腿蹬直，右腿屈膝上抬，上体右转；左拳变掌，两臂向前、向上划弧摆起；目随右拳转视（见图 6 - 68）。

（3）接上势，左脚蹬地起跳，身体腾空，两臂继续划弧至头上方（见图 6 - 69）。

图 6 - 67

（4）接上势，伴随着右脚先落地屈膝，左脚向前落步，以前脚掌着地；同时，两臂向右、向下屈肘停于右胸前，右拳变掌，左掌变拳，右掌心贴靠左拳面；目视右方。同时，左脚向左上一步，成左弓步，右腿蹬直，脚尖内扣；同时，右掌推左拳，以左肘尖向左顶出，高与肩平；目视前方（见图 6 - 70）。

图 6 - 68

图 6 - 69

图 6 - 70

2. 动作要点

（1）交换步时不要过高，但要快。

（2）两臂抡摆时要成立圆。

（3）眼随左肘顶出时，迅速左转。

3. 易犯错误

（1）交换步时，两脚抬得过高。

（2）两臂抡摆未划成立圆弧。

（3）顶肘肘关节与腕关节要相平。

（4）眼神与动作不协调一致。

4. 教学法

（1）课堂安排基本功肩臂绕环、换跳步等练习。

（2）练习原地弓步顶肘，体会肘关节与腕关节相平，以及弓步动作的技术要领。

（3）结合肩臂绕环（两臂向前、向上划弧）、换跳步等分解动作，进行弓步顶肘练习。教师在此期间要不断地进行动作示范、讲解和演示，让学生跟着自己反复多练几遍，然后再让学生独立完成该动作。在学生完成该动作的过程中，教师用口令给学生提示要领，并对学生错误的动作给予及时的纠正。

（二）转身左拍脚

1. 动作分析

（1）接上势（弓步顶肘），以两脚前脚掌为轴向右后转体180度；随着转体，右臂向上、向右下划弧抡摆；同时，左拳变掌向下、向后、向前上抡摆（见图6-71）。

（2）接上势，身体重心移至右脚，左腿伸直向前踢起，脚面绷平；左掌变拳收至腰间，右掌由体后向上、向前拍击左脚面，目视右手（见图6-72）。

图 6-71

图 6-72

2．动作要点

（1）转体拍脚动作要连贯一致。

（2）右掌拍脚时，手掌稍横，拍脚要准确且声音响亮。

（3）右掌拍脚时，左掌变拳收至腰间。

（4）右掌拍脚时，上体保持正直。

3．易犯错误

（1）拍脚声音不响亮。

（2）右掌拍脚时，左掌未变拳向后摆。

（3）右掌拍脚时，身体前倾。

（4）眼神与动作不协调一致。

4．教学法

（1）课堂安排基本功肩臂绕环、单拍脚等练习。

（2）平时还要注意压腿、踢腿练习，这样有助于较好地完成拍脚动作。

（3）结合拍脚的攻防含义，让学生更深地体会拍脚的要领及其准确性。在学生完成拍脚动作的过程中，教师不断提示要领，并对错误的学生给予及时的动作纠正。

（三）右拍脚

1．动作分析

（1）接上势（转身左拍脚），左脚向前落地，左拳变掌于腰侧，掌心朝上，右掌至于额头前上方，掌心向上（见图6－73）。

（2）接上势，身体重心移至左脚，右腿伸直向上踢起，脚面绷平，右掌变拳收至腰间，左掌由后向上、向前拍右脚面；目视左手（见图6－74）。

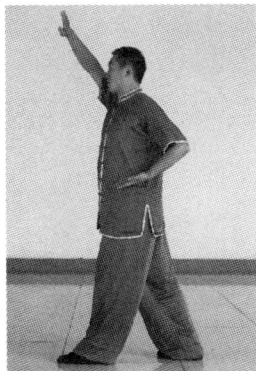

图 6－73

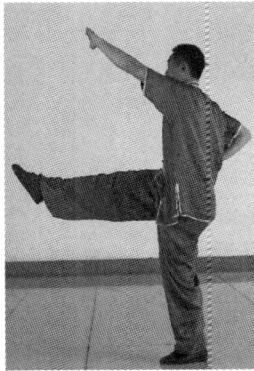

图 6－74

2. 动作要点

同转身左拍脚。

3. 易犯错误

同转身左拍脚。

4. 教学法

同转身左拍脚。

（四）腾空飞脚

1. 动作分析

（1）接上势（右拍脚），右脚落地，身体重心移至右腿，上体微向后倾（见图 6 - 75）。

（2）接上势，左脚向前摆起，右拳变掌向前、向上摆，左掌先上摆后迎击右掌背（见图 6 - 76）。

（3）接上势，右腿猛力蹬地跳起，左腿屈膝上提，脚面绷平，右掌拍击右脚面，左掌由体前向后侧上举，目视右手（见图 6 - 77～图 6 - 78）。

图 6 - 75

图 6 - 76

图 6 - 77

图 6 - 78

2. 动作要点

（1）腾空要高，不要太向前冲。

（2）跳起时，左腿屈膝尽量上提。

（3）击响动作要在腾空时完成。

3. 易犯错误

（1）过于往前冲。

（2）跳起时，左腿未屈膝上提。

（3）击响与腾空未时进行。

4．教学法

（1）平时课堂安排素质腹肌方面的练习，如两头起、肋木屈腿等，其目的主要在于增强学生的腹部力量。

（2）课堂安排基本功单拍脚练习，反复操练，体会击响与拍脚两个响声的同时性。

（3）先练习二起脚，待熟练掌握后，再练习腾空飞脚，逐步进行。在学生完成腾空飞脚的过程中，教师要不断提示要领，并对错误的学生给予及时的动作纠正。

（4）可借助一些辅助器械，如踏跳板，让学生体会起跳时腿踏跳的力量（也就是蹬地的力）；同时，还要体会空中动作的感觉，如左腿屈膝上提、空中击响动作等。

（五）歇步下冲拳

1．动作分析

（1）接上势（腾空飞脚），左右脚先后相继落地（见图 6 - 79）。

（2）接上势，左掌变拳收至右腰间，右脚尖外展，身体右转 90 度，两腿全蹲成歇步；同时，右掌抓握外旋变拳收至腰间，左拳从腰间向前下方平拳冲出，拳心向下；目视左拳（见图 6 - 80）。

图 6 - 79

图 6 - 80

2．动作要点

（1）落地时要稳健，冲拳时要顺肩。

（2）右掌抓握动作要快速。

（3）歇步与左冲拳的动作要一致。

3. 易犯错误

（1）冲拳过高。

（2）右掌抓握速度太慢。

（3）落地不稳,歇步未做好。

4. 教学法

（1）教师在平时课堂上安排基本功歇步的步型练习。

（2）结合冲拳进行左右歇步练习。

（3）结合腾空飞脚接歇步下冲拳练习,教师要不断提示要领,并对错误的学生给予及时的动作纠正。

（六）仆步抡劈拳

1. 动作分析

（1）接上势（歇步下冲拳）,上肢姿势保持不变,两腿蹬地,重心升高,目视左拳（见图 6 - 81）。

（2）接上势,以右脚前脚掌为轴,左腿屈膝提起,上体左转 270 度;同时,左拳由上向后、向下划弧,左拳面朝下,右拳由下向前划弧,右拳面朝上,目视前方（见图 6 - 82）。

（3）接上势,左腿向后落一步,屈膝全蹲,右腿伸直,成右仆步;右拳由上向下抡劈,拳眼向上,左拳向上举,拳眼向上,目视右拳（见图 6 - 83）。

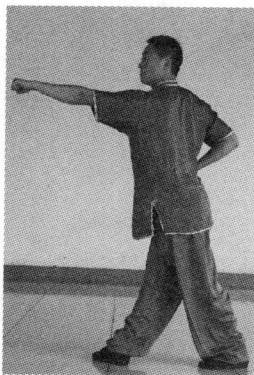  

图 6 - 81 　　　　　　图 6 - 82 　　　　　　图 6 - 83

2. 动作要点

（1）抡臂时一定要划立圆。

（2）整个动作要连贯一致。

3. 易犯错误

(1) 抡臂不连贯,形不成立圆。

(2) 做仆步时,左拳未向上举。

4. 教学法

(1) 教师在课堂上安排基本功肩臂绕环、仆步步型等练习。

(2) 结合提膝、步法,进行肩臂绕环练习,逐步完成仆步抡臂的动作。

(3) 在学生完成动作的过程中,教师要不断提示要领。

(七) 提膝挑掌

1. 动作分析

(1) 接上势(仆步抡劈拳),重心前移,成右弓步(见图 6-84);右拳变掌由下向上抡摆,左拳变掌稍下落,右掌心向左,左掌心向右(见图 6-85)。

(2) 接上势,左右臂在垂直面上,由前向后各划立圆一周,右臂伸直停于头上,掌心向左,掌指向上,左臂伸直停于身后成反勾手;同时右腿屈膝提起,左腿挺膝伸直独立,目视前方(见图 6-86)。

图 6-84　　　　　　　图 6-85　　　　　　　图 6-86

2. 动作要点

(1) 抡臂时要划立圆。

(2) 左臂伸直,停于身后成反勾手。

(3) 右腿尽量抬起。

3. 易犯错误

(1) 勾尖朝向斜面。

(2) 抡臂时未划立圆。

4. 教学法

(1) 首先,教师在课堂上安排基本功肩臂绕环、提膝等练习。

(2) 结合提膝、步法、肩臂绕环,逐步完成提膝挑掌的动作。

(3) 在学生完成该动作的过程中,教师要不断提示要领。

(八)提膝劈掌弓步冲拳

1. 动作分析

(1) 接上势(提膝挑掌),下肢不动;右掌由上向下猛劈伸直,停于右小腿内侧,用力点在小指一侧,左勾手变掌,屈臂向前停于右上臂内侧,掌心向左;目视右掌(见图6-87)。

(2) 接上势,右脚向右后落地,上体右转90度,左掌变拳收至腰间;右臂内旋向外划弧做拇手;目视右掌(见图6-88)。

(3) 接上势,左腿蹬直成右弓步;右手抓握变拳收至腰间,左拳由腰间向左前方冲出,拳眼向上,目视左拳(见图6-89)。

图6-87　　　　　　图6-88　　　　　　图6-89

2. 动作要点

(1) 弓步冲拳方向约成直角。

(2) 左拇手动作要快。

(3) 右弓步与左冲拳的动作要同时进行。

3. 易犯错误

(1) 动作的方向、路线易出错。

(2) 拇手动作不突显。

(3) 动作易形成弓步太高。

(4) 右弓步与左冲拳未同时完成。

4. 教学法

（1）首先，教师课堂上安排基本功提膝动作的练习。

（2）反复进行行进间掳手弓步冲拳的练习，在冲拳之前还要结合掳手弓步冲拳的攻防含义进行讲解，这样有助于学生在练习过程中深入体会掳手、冲拳与弓步动作的一致性等。

（3）教师要多做示范动作，使学生明确动作路线。在学生完成提膝劈掌弓步冲拳的动作过程中，教师还要不断地提示动作要领。

六、收势动作

（一）虚步亮掌

1. 动作分析

（1）接上势（提膝劈掌弓步冲拳），右腿扣于左膝后；两拳变掌，两臂右上、左下屈肘交叉于体左前，掌心向下；目视右掌（见图6-90）。

（2）接上势，右脚向右后落步，重心后移，右腿下蹲，上体稍右转；同时，右掌向上、向右、向下划弧停于左腋下，左掌向左、向上划弧停于右臂上与左胸前，两臂左上右下屈肘交于体前，左掌心向下，有掌心向上；目视左掌（见图6-91）。

（3）接上势，左脚尖稍向右移，右腿下蹲，成左虚步；同时，左臂伸直向左、向后划弧成反勾手，右臂内旋伸直向下、向后再向上划弧抖腕亮掌，掌心向前，目视左方（见图6-92）。

  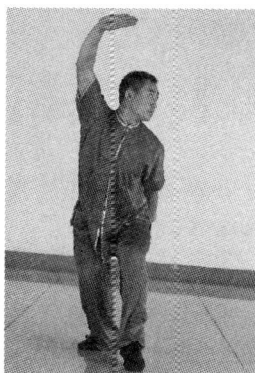

图6-90　　　　　　　　图6-91　　　　　　　　图6-92

2. 动作要点

亮掌与转头同时进行，协调一致。

3. 易犯错误

同起势动作中的"虚步亮掌"。

4. 教学法

同起势动作中的"虚步亮掌"。

（二）并步对拳

1. 动作分析

（1）接上势（虚步亮掌），左腿后撤一步；同时，两手从腰侧向前穿出伸直，掌心向上（见图 6-93～图 6-94）。

（2）接上势，右腿后撤一步；同时，两臂分别向体后下摆（见图 6-95）。

（3）接上势，左脚后退半步向右脚并拢；两臂由后向上经体前屈臂下按，两掌变拳，停于腹前，拳心向下，拳面相对，目视左方（见图 6-96）。

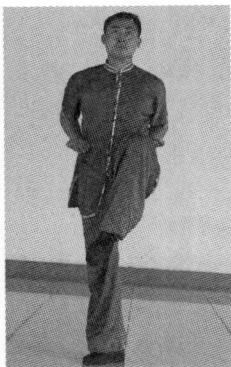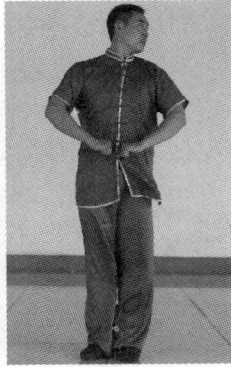

图 6-93 　　　　　图 6-94 　　　　　图 6-95 　　　　　图 6-96

2. 动作要点

穿掌后，两臂动作对称，同时进行。

3. 易犯错误

同起势动作中的"并步对拳"。

4. 教学法

同起势动作中的"并步对拳"。

（三）并步站立

1. 动作分析

两拳变掌，两臂自然下垂，目视正前方（见图 6-97）。

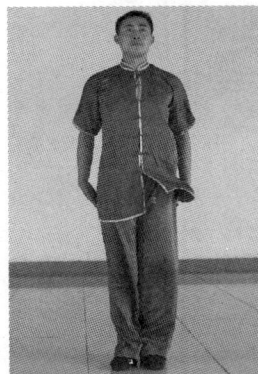

图 6-97

第七章　罗汉十八手套路动作分析

第一节　罗汉十八手套路简介

　　这套少林罗汉十八手最早的版本是蔡龙云著的《少林寺拳棒阐宗》一书中所介绍的"少林罗汉十八手"套路,但需要说明的是,它与近几年少林禅武医研究院德建师傅演练的"少林罗汉十八手"套路不同。德建师傅所演练的"少林罗汉十八手"又称"少林插花罗汉十八手",是少林寺古传拳法、少林传统拳法的代表套路。而这套"少林罗汉十八手",则是笔者给体育教育专业、非体育专业,以及留学生上武术课中的教学内容,经过多年反复教学实践,多数教师和学生认为这套拳短小精炼、朴实无华,实用性强,并且易学、易练。这套"少林罗汉十八手"主要包括拳法(冲拳、劈拳、弹拳、架拳等)、掌法(推掌、架掌、按掌等)、腿法(勾踢、扫腿、二起脚、弹腿等)、肘法(肘、沉肘、顶肘、挎肘等)、拿法(缠腕、捋手)等,每招每式都有实战技法。这套拳既可以单人练习,也可以双人对打,充分体现了传统武术教学"功法、套路、技击"为一体的教学理念。

第二节　罗汉十八手套路动作名称

1. 起势
2. 弓步推掌(鹰掐嗉)
3. 虚步推掌
4. 挎肘撅臂(挎篮势)
5. 马步架打(硬开弓)
6. 弓步架打(架梁炮)
7. 弓步缩肘(降龙手)
8. 捋手磕打(僧敲钟)
9. 托掌马步冲拳(巧纫针)
10. 格挡弓步冲拳(一条椽)
11. 挂腿勾踢(金钩挂)
12. 缠腕马步冲拳(扭缠丝)
13. 伏地后扫腿(扫堂腿)
14. 翻身弓步劈砸(披身捶)
15. 冲拳弹腿踢球(踢球势)
16. 腾身二起脚(鸳鸯脚)
17. 弓步切按架掌(劈柴势)
18. 偷步绕臂沉肘(僧缚虎)
19. 马步架打冲拳(硬开工)
20. 弓步盘肘(拗弯肘)
21. 并步捋手磕打(僧敲钟)
22. 托掌马步冲拳(巧纫针)
23. 分掌弓步双推(僧推门)
24. 虚步护身掌
25. 收势

第三节　罗汉十八手套路动作图解与教学

一、起势

（一）动作分析

（1）立正姿势，两脚并步站立，两臂垂于身体两侧，两手掌五指并拢贴靠于两腿外侧（裤缝中线位置），掌指向下，挺胸收腹，两眼平视前方（见图 7-1）。

（2）接上势，两手掌变拳，屈肘收抱于两腰间，拳心向上，拳轮贴身，头向左转，两眼目视左侧前方（见图 7-2）。

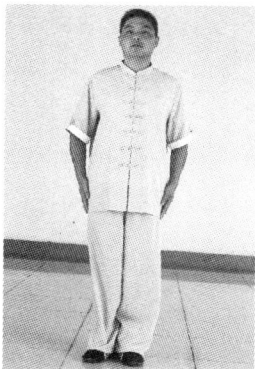 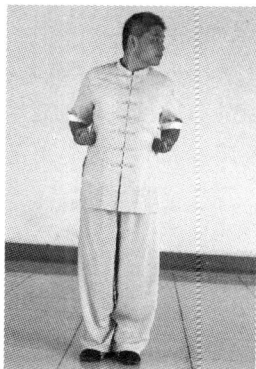

图 7-1　　　　　　　　　　　　　图 7-2

（二）动作要点

（1）头要端正，下颌内收，挺胸、收腹、立腰，舌尖抵住上腭，唇齿微闭，松肩沉肘，气沉丹田，平心静气，为开始行拳做好准备。

（2）两拳抱至腰间与转头动作同时进行，速度要快。

（3）两拳抱至腰间，两肘有后撑之意，两肘夹紧两肋骨，从侧面看两拳不能超出腹部；同时，五趾抓地，脚掌中间要空。

（4）两拳抱至腰间，吸气上提，精神贯于行拳中，眼睛注视行拳方向，身体略微前倾。

（三）易犯错误

（1）两拳抱至腰间时，未向左转头。

（2）两拳抱至腰间时，两拳超出腹部，未向后撑。

（3）两肘未夹紧两肋骨。

（4）未吸气上提，使精神未贯注于行拳中，眼睛无神。

（5）身体站立很直，未略微前倾，未体现出静中有动的态势。

（四）教学法

（1）站桩练习，体会顶劲领起、五趾抓地的感觉。（每次站桩 5 分钟）

（2）反复练习吸气抱拳、甩头等来增强甩头意识，体会静中有动的精神态势。（每组 5 遍，反复练习 2 组）

二、弓步推掌（鹰掐嗦）

（一）动作分析

（1）预备姿势站立，身体向左转，左腿向左跨一步，左拳变掌向左捋抓，掌心向外（掌外沿用力），掌指朝下，然后变拳收至腰间，拳心向上（见图 7-3）。

（2）接上势，身体再向左，右脚蹬地，转胯扭腰，右拳变掌从右腰侧直臂向前推出（右手拇指扣住，其余四指并拢），掌指朝上，掌心斜向前（小指一侧超前），右脚跟外展，右腿挺膝蹬直，左腿屈膝半蹲成左弓步，目视前方（见图 7-4）。

图 7-3　　　　　　　　　　　　　　图 7-4

（二）动作要点

（1）捋手收至腰间、右掌推出、扭腰松胯协调一致，一气呵成。

（2）成左弓步时，右脚脚尖内扣（斜向前），右腿挺膝蹬直，左膝关节与脚尖并齐，脚尖微内扣。

（3）推掌过程中，要松肩下沉，腰要塌住劲，右掌掌指高不过眉，腕部处与肩部平。

（三）易犯错误

（1）成左弓步时，左膝关节与脚尖未并齐，脚尖未略微内扣。

（2）成左弓步时，右脚脚尖未内扣，右膝未挺膝蹬直。

（3）捋手收至腰间、右掌推出、扭腰松胯脱节，未协调一致。

（4）肩部无沉劲、腰部无塌劲。

（三）教学法

（1）站立或弓步，左右拳反复练习捋抓变掌。（每组左右各 5 次，反复练习 3 组）

（2）左右弓步反复练习。（每组左右各 5 次，反复练习 3 组）

（3）左弓步推掌反复练习。（每组 5 次，反复练习 3 组）

三、虚步推掌

（一）动作分析

接上势（弓步推掌），换重心，将重心由左腿移至右腿上，右腿随之屈膝半蹲，左脚收回半步屈膝，脚尖点地，成左虚步；同时，左拳变掌经左胸合于右大臂内侧，向前推出，掌心向前，掌指朝上（小指一侧朝前），右臂外旋反掌收回腰间，身体稍微右转，掌指向下，掌心向前，眼睛平视前方（见图 7-5～图 7-6）。

图 7-5   图 7-6

（二）动作要点

（1）左虚步时，左膝关节要领起，脚尖点地。

（2）松胯、塌腰，头微微上顶，保持立身中正。

（3）右腿屈膝半蹲，膝关节要与脚尖的方向垂直。

（三）易犯错误

（1）左虚步时，左膝关节未领起来。

（2）身法未立身中正，造成弯腰凸臀。

（3）右腿屈膝半蹲，膝关节与脚尖未垂直或超过右脚脚尖。

（4）两脚虚实分不清，左脚用力过大。

（四）教学法

（1）虚步步型练习，一定要在实腿的膝关节与脚尖保持垂直情况下，体会两脚虚实。（每次 30 秒，左右各 5～10 次）

（2）反复练习虚步推掌，体会左穿掌与右掌收回保持一致，同时顶劲要领起。（每组 5 遍，反复练习 3 组）

四、挎肘撅臂（挎篮势）

（一）动作分析

接上势（虚步推掌），左脚向前踏实，左手掌拦拨抓握内旋（划小弧）变拳收至腰间；同时，身体向左转 180 度，上右步成马步，同时，右掌变拳从腰间由下向上冲出，拳心朝内，拳面朝上，不能高过鼻尖，目视右拳（见图 7-7～图 7-8）。

图 7-7

图 7-8

（二）动作要点

（1）左手掌拦拨抓握内旋（划小弧）变拳收至腰间与上右步冲打右拳要同时进行，一气呵成。

（2）要体现出挎肘的劲道，就要十分注意右拳由下向上冲打的力度。

（3）成马步时，右肩向前、左肩向后形成对拉劲。

（4）身法要求：立身中正，头微微上顶，含胸塌腰，两胯与两肩平，两膝不要超过两脚脚尖。

（三）易犯错误

（1）右拳由下向上冲打，高度超过眉毛。

（2）上右步冲打右拳时，左掌未拦拨抓握内旋，直接变拳收至腰间。

（3）左掌变拳收至腰间、上右步成马步、挎肘，三者不能协调一致。

（4）两胯与两肩未平，两膝关节超出两脚脚尖，两胯未向内收。

（四）教学法

（1）马步练习，体会顶劲领起、两胯与两肩平、两膝盖垂直于两脚脚尖、两胯向内收、五趾抓地的感觉。（每次站马步桩 3 分钟）

（2）反复练习挎打，吸气抱拳，体会由下向上的冲打力度。（每组 5 遍，反复练习 2 组）

五、马步架打（硬开弓）

此动作有两种打法，分别为：动作 1 和动作 2。

（一）动作分析 1

（1）接上势（挎肘撅臂），身体右转，摆右脚 180 度，左脚伴随身体右转向前上步成马步；左拳从腰间由下向上再向下压肘于左胸前，拳面向上，拳心朝里；右拳向左划弧合于左腹前（在左肘关节下），拳心向里，拳眼向上；目视左前方（见图 7-9）。

图 7-9

（2）接上势，右拳经左前臂外侧向上外翻屈肘向右侧方上架，拳轮朝上；同时，左拳伴随右拳从左前臂外侧向上，左拳收至腰间，从腰间向左侧直臂击出，力达拳面，拳心朝下，目视左拳前方（见图7－10）。

图 7－10

（二）动作分析 2

接上势（挎肘撅臂），身体右转，摆右脚180度，右拳变掌外旋抓握成拳架于额头上方，拳轮朝上；同时，左脚伴随身体右转向前上步成马步，左拳从腰间向左侧直臂击出，力达拳面，拳心朝下，目视左拳前方。

（三）动作要点

（1）右拳上架，右臂要保持肘臂屈成半弧形（似初月状），在右肩的上方。

（2）左拳冲出要与肩平，拳心朝下。

（3）身体右转的同时，右拳变掌外旋抓握。

（4）根据动作分析1，左拳护左肘，再外翻屈肘上架。

（5）马步架打动作姿势形成后，两肩微向后撑。

（6）身法要求：立身中正，头微微上顶，含胸塌腰，两胯与两肩平，两膝不要超过两脚脚尖。

（四）易犯错误

（1）身体右转，右脚脚尖未摆动180度。

（2）伴随身体右转，右掌未拦拨抓握外旋，就直接上架。

（3）右拳直臂上架，未使肘臂保持半圆形。

（4）右拳上架在头顶上方，未在右肩上方。

（5）左拳从腰间冲出，未与肩保持相平。

（6）两胯与两肩未平，两膝关节超出两脚脚尖，两胯未向内收。

（五）教学法

（1）马步练习,体会顶劲领起、两胯与两肩平、两膝盖垂直于两脚脚尖、两胯向内收、五趾抓地的感觉。（每次站马步桩 3 分钟）

（2）反复练习架打,体会右拳外旋抓握力度。（每组 5 遍,反复练习 2 组）

六、弓步架打(架梁炮)

（一）动作分析

接上势（马步架打）,身体左转,左脚脚尖外展 90 度,右脚脚后跟外展,左腿屈膝半蹲,右腿挺膝蹬直,成左弓步;同时,左拳变掌上架于前额上方,右拳伴随身体左转,屈肘内旋落于右胸前,拳心朝上。扭腰转胯,前臂内旋直线击出,力达拳面,拳心朝下,目视右拳前方（见图 7－11）。

图 7－11

（二）动作要点

（1）身体转动,要靠脚的摆动来调整角度。

（2）左掌上架于前额上方。

（3）上架、扭腰转胯、右拳击出都是协调一致、一气呵成的。

（4）身法要求：立身中正,头微微上顶,含胸塌腰,重心在左腿。

（5）左膝关节向前顶,与左脚尖并齐或垂直;右脚脚尖斜向前。

（三）易犯错误

（1）脚还未调整到位,身体就转动。

（2）左掌上架于头顶上方。

（3）上架、扭腰、转胯、右拳击出未协调一致。

（4）左膝关节未向前顶,或超过左脚脚尖;右脚脚尖未向内扣（斜向前）。

（5）身体前倾,头未微微上顶,下颌未内收,腰未塌住劲。

（6）冲右拳容易掀起右脚脚后跟,形成拔根现象。

（四）教学法

（1）马步变换成弓步反复练习,体会马步换成弓步的转化感觉。（每次站马步桩 3 分钟）

（2）反复练习弓步架打。（每组 5 遍,反复练习 2 组）

七、弓步缩肘(降龙手)

(一)动作分析

(1)接上势(弓步架打),左掌由上向下抓住右手前臂手腕处;小指一侧朝前;同时,左腿稍站起,身体右转,右拳和左掌同时收至右肋下方,贴近身躯,右拳心朝下,目视右侧下方(见图 7-12)。

图 7-12

(2)接上势,身体左转,伴随上右步(向前跨一大步)成右弓步,扭腰缩肘(右肘向上提起,由上向前、向下绕环压下),力达右前臂肘关节处,目视右肘前方(见图 7-13)。

图 7-13

(二)动作要点

(1)右拳和左掌收至右肋下方与身体右转同时进行,贴近身躯,肘关节要有回击的力度。

(2)扭腰缩肘的路径要清晰,如是右肘向上提起,由上向前、向下绕环压下,力达右前臂肘关节处。

（3）上右步，右脚脚尖朝向右前方，膝盖向前有顶劲，但不能超过脚尖，保持膝关节与脚尖垂直。左脚脚尖外摆，脚后跟里合，脚尖朝向右前方，左膝关节挺膝蹬直。

（4）上步、转身、缩肘的动作同时进行，一气呵成，要注意右肘句前下压时身躯稍作前俯。

（5）身法要求：立身中正，头微微上顶，含胸塌腰，重心在右腿。

（三）易犯错误

（1）右拳和左掌收至右肋下方时，没有回击的力度。

（2）扭腰缩肘的路径很容易按照别肘的动作来进行。

（3）右弓步形成，右膝关节未向前顶，右膝关节与脚尖未保持垂直；左脚脚尖未朝向斜前方。

（4）上步、转身、缩肘的动作有脱节，不协调。

（5）身体前俯，头未微微上顶，使身法未做到立身中正。

（四）教学法

（1）反复练习上步弓步，体会后腿的蹬力。（每组 5 次，反复练习 3 组）

（2）反复练习弓步缩肘，体会右肘向前下压的力度。（每组 5 遍，反复练习 2 组）

八、捋手磕打（僧敲钟）

（一）动作分析

接上势（弓步缩肘），身体向上稍起，右腿屈膝提起；同时，左脚蹬地跳起，身体随即由右向后翻转（180 度），右脚落于左脚起跳的位置，左脚也随之在左侧落地，两腿屈膝半蹲成马步。伴随着左脚蹬地跳起，左掌松开右拳，由右臂上面顺肘关节绕向肘下，左臂外旋使左掌心翻转朝上，托在右肘关节处，右拳从左臂内侧向上、经前额绕出左臂向前直臂磕打，力达拳背，拳心朝上，目视右拳（见图 7－14）。

图 7－14

（二）动作要点

（1）身体向上稍起，右腿屈膝提起，身体要保持中正。

（2）翻身时，身体稍向左倾斜。

（3）完成右拳直臂磕打与翻身两脚落地成马步要同时进行。

（4）右拳直臂磕打时，左掌托在右肘关节处（左前臂贴靠身躯、肘尖朝下），右拳向下磕打的力与左掌托在右肘关节处有一个向上的托力，就形成了一下一上的对拉劲。

（5）右拳的高度与额齐。

（6）起跳、翻身、磕打要快速有力，同时进行，协调一致，一气呵成。

（三）易犯错误

（1）两脚落地成马步完成后，才进行右拳直臂磕打。

（2）右拳的高度容易做成与肩平或低于肩部。

（3）起跳、翻身、磕打容易脱节。

（4）完成右拳直臂磕打后，身体保持中正，两膝不能超过脚尖，膝关节与脚尖垂直。

（四）教学法

（1）反复练习翻身马步落，体会翻身的力度和速度。（每组 5 次，反复练习 3 组）

（2）反复练习捋手磕打，体会翻身后磕打的力度。（每组 5 遍，反复练习 2 组）

九、托掌马步冲拳(巧纫针)

（一）动作分析

（1）接上势（弓步缩肘），身体稍微右转，左掌贴着右前臂下面向前直臂托出，左臂内旋。虎口朝上，掌心朝前，同时右拳伴随左掌向前直臂托出，从左掌上面快速抽回屈肘收抱于右腰间，拳心朝上，目视左掌（见图 7 - 15）。

（2）接上势，身体稍微左转（身躯转正）成马步，右拳从腰间冲出，拳心朝下，力达拳面，左掌屈肘收于右大臂内侧，掌指朝上，掌心朝大臂内侧，目视右拳（见图 7 - 16）。

图 7 - 15

图 7 - 16

（二）动作要点

（1）托掌与抽拳、冲拳与收掌同时进行，协调一致。

（2）托掌时，身体稍微右转，右腿重力大于左腿。

（3）托掌的高度与额齐，冲拳的高度与肩平。

（4）托掌与抽拳、冲拳与收掌一前一后用力形成对拉劲。

（5）两膝关节不能超过脚尖，可与脚尖垂直。

（6）身法要求：立身中正，松肩沉肘，含胸塌腰。

（三）易犯错误

（1）托掌与抽拳、冲拳与收掌未同时进行，未形成对拉劲。

（2）托掌或冲拳时，步型容易从马步变成弓步。

（3）托掌的高度高于头部，冲拳的高度高于肩部。

（4）两膝关节超过脚尖，胯未向后坐。

（5）身体前倾，头未微微上顶，肩未松，腰未塌。

（四）教学法

（1）反复练习马步冲拳或推掌，体会腿的蹬力或腰部力量。（每组 5 次，反复练习 3 组）

（2）反复练习托掌冲拳，托掌与抽拳、冲拳与收掌一前一后用力形成对拉劲。（每组左右各 5 次，反复练习 3 组）

十、格挡弓步冲拳（一条椽）

（一）动作分析

（1）接上势（托掌马步冲拳），身体左转，左脚脚尖外展成左高弓步，左掌变拳经脸前向左绕行格挡(前臂与大臂夹角在 120～140 度),拳面朝上,拳心朝右前方,力达右前臂外侧。同时,右拳外旋收回腰间,拳心朝上,目视左拳前方(见图 7-17)。

(2)接上势,左拳外旋收回腰间,拳心朝上,同时上右步,左脚脚尖外展,右脚脚尖斜前方成右弓步,右拳迅速从腰间向前冲击(左脚蹬地,转胯扭腰),拳心朝下,力达拳面。右膝向前顶劲,与脚尖并齐,目视右拳前方(见图 7-18)。

图 7-17   图 7-18

(3)接上势,右拳由下向上格挡(右前臂与大臂夹角在 120～140 度),力达右前臂外侧,目视右拳前方(见图 7-19)。

(4)接上势,上左步,右脚脚尖外展,左脚脚尖朝向斜前方成左弓步,左拳迅速从腰间向前冲击(右脚蹬地,转胯扭腰),拳心朝下,力达拳面。同时,右拳外旋收回腰间,拳心朝上,左膝向前顶劲,与脚尖并齐,目视左拳前方(见图 7-20)。

图 7-19   图 7-20

(二)动作要点

(1)左、右拳格挡时,拳的高度不过眉(需与眉齐)。

(2)左、右拳冲击时,两肩部需下沉。

（3）左、右拳一冲一收同时进行，形成对拉劲。

（4）左、右拳格挡时，弓步可高；冲拳时，弓步不可过高，膝关节前顶，与脚尖垂直。

（5）上步、收拳、冲拳同时完成，协调一致。

（6）两膝关节不能超过脚尖，可与脚尖垂直。

（7）身法要求：立身中正，松肩沉肘，挺胸立腰。

（三）易犯错误

（1）左、右拳格挡时，拳的高度过眉。

（2）上步、收拳、冲拳未能同时完成。

（3）上步形成弓步过高，膝关节未向前顶与脚尖并齐。

（4）左、右拳冲击时，两肩部未下沉，使臂肘僵硬。

（5）冲拳形成后，后脚的脚尖未斜向前方（朝左或朝右）。

（四）教学法

（1）反复练习行进间弓步冲拳，体会上下肢的协调性。（左右冲拳5次为1组，反复练习3组）

（2）两人一组相互上下格挡，体会格挡用力方向以及如何运用格挡进行实战。（上下格挡各5次为1组，练习3组）

（3）反复练习格挡弓步冲拳，体会防守反击、收拳与冲拳一前一后的对拉劲。（左右各5次为1组，反复练习3组）

十一、挂腿勾踢（金钩挂）

（一）动作分析

（1）接上势（格挡弓步冲拳），两拳变掌交叉合于胸前。具体路径：右拳变掌内旋从腰侧由下向后直臂划弧再屈肘向上，左拳变掌屈肘于胸前。两掌交叉合于胸前，右掌掌根在左手腕上，掌指均朝上，掌心均朝外，目视两掌（见图7-21）。

（2）接上势，左脚脚尖外展，右脚屈膝提起，脚尖朝下，从身后、向外、向前、向下、向左前方摆腿勾踢（此过程脚尖上翘，在勾踢过程中经过正前方的地面位置时，

图7-21

右脚脚后跟擦击地面)(见图7-22),勾踢至左前斜方时脚后跟与腰齐。同时两掌伴随着右腿的勾踢从胸前直臂向下、两边划弧分开平举,左掌掌指向上,掌心朝前,肘微屈,右掌则五指拢成勾手,勾尖向下,肘伸直,目视左前方(见图7-23)。

图7-22

图7-23

(二)动作要点

(1)两掌交叉于胸前,右掌在左掌上方,两肘垂下。

(2)摆腿勾踢路线须是从身后向外、向前、向下、向左前方勾踢。

(3)勾踢过程中经过正前方的地面位置时,右脚脚后跟擦击地面。右脚擦击地面时,应将踝关节向内翻,脚尖勾紧,使脚的外侧朝向正前方,脚尖上翘方向朝左。

(4)勾踢至左前斜方时,脚后跟与腰齐。

(5)摆腿勾踢时,身体微向左转。

(6)两掌分开平举,左肘下垂,左掌坐腕,右肘伸直。

(7)左腿(支撑腿)微弯曲,左脚脚尖朝左斜前方。

(三)易犯错误

(1)两掌交叉于胸前,左右掌位置放错,两肘外撑。

(2)摆腿勾踢路径不明确,直接向前摆踢,未形成勾踢。

(3)勾踢的高度未与腰齐。

(4)两掌直臂向下、两边分开平举与勾踢未同时完成。

(5)两掌向两边分开平举,左肘未垂下,左掌未坐腕,右肘未伸直。

(四)教学法

(1)反复进行左右勾踢练习,体会勾踢劲道。(左右冲拳5次为1组,反复练习3组)

（2）反复练习挂腿勾踢，体会上下肢的协调配合。（左右各 5 次为 1 组，反复练习 3 组）

十二、缠腕马步冲拳（扭缠丝）

（一）动作分析

（1）接上势（挂腿勾踢），右腿屈膝在身前提住，同时右勾手变掌向左划弧，由下向上至胸前，掌指向上，掌心朝外，拇指张开，左掌从左侧屈肘向上、向右经脸前向下在胸前拇指张开抓握右手腕，目视右掌（见图 7－24）。

图 7－24

（2）接上势，右掌外旋（小指一侧向外缠绕）变拳，拳心向上，屈肘收抱至腰间，左掌抓握右手腕部也随右拳收至腰间。伴随着右掌外旋变拳，身体右转 90 度，右脚脚尖朝右，脚后跟朝向左膝关节内侧，右脚向左脚内侧旁踏脚震步；同时，左脚随即离地屈膝向后提起，脚后跟朝上，目视右拳（见图 7－25）。

（3）接上势，左脚向左侧上步，两腿屈膝半蹲成马步；同时，左拳松开右手腕变拳，向左侧方直臂击出，拳心向下，力达拳面，目视左拳前方（见图 7－26）。

图 7－25

图 7－26

（二）动作要点

（1）左手抓握右手腕至胸前，右手掌拇指张开。

（2）右拳收至腰间时，右掌外旋使小指一侧向外缠绕至拳心向上。

（3）右脚震步与右拳收至腰间同时完成。

（4）右脚震步与左脚提起同时完成。

（5）左拳冲击与向左侧上步同时完成。

（6）此拳招式左冲拳中没有臂内旋的动作。

（7）左冲拳时，右肘向后牵引，两肩向后张，挺胸收腹，身体保持正直。

（三）易犯错误

（1）左手抓握右手腕至胸前，右手掌拇指扣住。

（2）先右拳收至腰间，再右脚震步。

（3）先右脚震步，再左脚提起。

（4）左冲拳时，右肘未向后牵引，不能挺胸收腹，身体前倾。

（5）马步时两膝关节超过脚尖，两胯未内收。

（四）教学法

（1）进行站马步桩功练习，体会正确的马步动作姿势。（马步桩每次5分钟，反复练习3次）

（2）反复练习缠腕马步冲拳，体会上下肢的协调配合。（每组5次，反复练习3组）

十三、伏地后扫腿（扫堂腿）

（一）动作分析

（1）接上势（缠腕马步冲拳），身体右转，左脚脚跟外展，左腿屈膝全蹲，右腿伸直在右侧铺下，成右仆步姿势，右脚脚尖内扣；同时，两拳变掌随身体右转在右小腿内侧扶地，目视右脚（见图7-27）。

（2）接上势，伴随身体右转，摆臂探身两手掌扶地与上体向后拧转之时，以左脚前脚掌碾地为轴，右腿伸直由右向后脚外侧贴地扫转180度，眼随右脚（见图7-28）。

图7-27

图7-28

（二）动作要点

（1）摆臂探身速度要快速迅猛。

（2）两掌要在右下方，也就是右小腿内侧处扶地。

（3）后扫时，左脚脚跟须离地掀起。

（4）扫腿时，右腿伸直，右脚脚尖内扣，力达脚外侧。

（5）摆臂探身速度要快速，充分利用腰劲，使扫腿迅猛有力。

（6）快速俯身、扫转迅速有力，一气呵成。

（三）易犯错误

（1）以全左脚掌为轴，扫转速度慢。

（2）扶地探身速度缓慢，扫转未利用腰劲。

（3）扫腿时，右脚未伸直，脚尖未扣住，影响扫转速度。

（4）两掌扶地位置在正前方。

（四）教学法

（1）反复进行扫转练习，体会腰的用劲路径。（每组 3 次，练习 3 组）

（2）反复练习伏身后扫，体会上下肢的协调配合。（每组 3 次，练习 3 组）

十四、翻身弓步劈砸（披身捶）

（一）动作分析

（1）接上势（伏地后扫腿），起身向右转，右腿屈膝，右脚脚尖外展，左腿伸直成右弓步；同时，伴随身体右转，右掌变拳由下向左上绕环、向右、右下、右后方抡臂劈打，拳眼朝下，左掌变拳随身转动，由下向左上绕环、向右前方抡臂劈盖，拳心朝下，目视左拳（见图 7 - 29～图 7 - 30）。

图 7 - 29　　　　　　　　　　　　图 7 - 30

（2）接上势，左拳内旋，拳眼朝下，由身前向上、向后直臂抡臂，力达拳轮，拳眼朝上；同时，右拳从身后由下向上挑击，拳眼朝上，左拳高于右拳，目视左拳（见图7-31）。

（3）接上势，身体由左向后转，左脚脚跟里转，右脚脚跟外展，左腿屈膝，右腿蹬直，成左弓步。同时，左拳伴随身体由左向后转，左拳屈肘收抱至腰间，右拳随身体左转，从上向下抡臂劈砸，力达拳轮，拳眼朝上，右拳略高于右肩，目视右拳（见图7-32）。

图7-31　　　　　　　　　　　　　　　　图7-32

（二）动作要点

（1）转身抡臂劈砸要快速有力，肩部要松。

（2）抡臂劈砸操作路径要清晰，左拳在上，右拳在下，左拳在前，右拳在后。

（3）劈砸的着力点在拳轮上。

（4）抡臂劈砸、转身要与眼神结合起来，方显精神。

（5）左拳、右拳劈砸要注意脚下的转换。

（6）左右拳劈砸要连贯，协调一致，凶猛有力，一气呵成。

（三）易犯错误

（1）抡臂劈砸用力太大，出现僵劲。

（2）左右抡臂劈砸只有上肢力量，未结合腰胯的力量。

（3）抡臂劈砸操作路径模糊。

（4）左拳、右拳劈砸不注意脚下的转换，使劈砸动作不协调一致。

（四）教学法

（1）反复进行单臂劈砸练习，体会腰劲与上肢的配合。（左右5次为1组，练习3组）

（2）反复练习翻身弓步劈砸，体会重心转换过程中上下肢的协调配合以及左右抡臂的协调配合。（左右各3次为1组，练习3组）

十五、冲拳弹腿踢球(踢球势)

(一)动作分析

接上势(翻身弓步劈砸),身体继续重心前移,右腿从身后屈膝提起,向前摆腿弹踢,力达脚面,脚尖朝前。同时,右拳外旋收至腰间,左拳伴随右拳弹踢,从腰间臂内旋,向前冲击,力达拳面,拳心朝下,目视前方(见图7-33)。

图 7 - 33

(二)动作要点

(1)右腿屈膝弹踢,身体重心先移至左腿。

(2)弹踢时必须先使右脚屈膝在身后离地提起,而后屈大腿摆动小腿将脚踢出。

(3)右腿屈膝弹踢,脚面要绷平,力达脚面。

(4)弹踢、右拳收回、左拳冲拳动作同时完成不分先后。

(5)右腿屈膝弹踢,左腿(支撑腿)松胯下沉,右冲拳肩部放松。

(6)身法要求:身体保持中正,防止耸肩,以免出现僵硬现象。

(三)易犯错误

(1)弹踢、左拳冲拳、右拳收回未能同时完成,出现先弹踢再冲拳,或者先冲拳再弹踢等现象。

(2)右腿屈膝弹踢,力未达脚面,出现力点不准确。

(3)左冲拳肩部未放松,出现僵硬现象。

(四)教学法

(1)反复进行弹踢练习,体会小腿的用劲。(左右5次为1组,练习3组)

(2)反复练习弹踢冲拳,体会上下肢的协调配合。(左右各3次为1组,练习3组)

十六、腾身二起脚(鸳鸯脚)

(一)动作分析

(1)接上势(冲拳弹腿踢球),身体前倾,右脚向前落步(见图7-34)。

(2)接上势,左腿提起,同时,左拳变掌,掌心朝下,右拳变掌,掌心朝下，从腰间由下向上，掤击掌心，两掌在额上方击响，两肘均微屈，左掌在右掌上（见图 7 - 35）。

图 7 - 34

图 7 - 35

（3）接上势，伴随着两掌摆起的同时，右脚蹬地跳起，右腿快速提起，脚面绷平向前踢出，脚尖朝前，力达脚面，右掌迅速拍击尚未下落的右脚脚面，左掌则向左侧横举，眼视右脚（见图 7 - 36～图 7 - 37）。

图 7 - 36

图 7 - 37

（4）接上势，击响之后，身体下降左脚先着地，目视前方（见图 7 - 38）。

图 7 - 38

（二）动作要点

（1）起跳时,右脚踏地要用力蹬地。

（2）起跳时,要两掌向上摆臂击响与右腿蹬地,同时进行。

（3）右手掌拍击右脚脚面,要准确、响亮。

（4）起跳时,头要微微上顶,身体保持中正。

（三）易犯错误

（1）右脚下落蹬地力度不够,造成起跳高度不高。

（2）手的击响与拍击脚面的击响间隔时间太长,间隔时间要尽量短。

（3）做此动作时,身体前倾或后仰,头部没有微微上顶,身体未保持中正。

（四）教学法

（1）反复进行起跳练习,体会腿部蹬地和头部向上顶同时进行,将身体拔起,提高身体的起跳高度。（左右各 3 次为 1 组,练习 3 组）

（2）反复练习二起脚,体会左右腿转换踢击。（左右各 5 次为 1 组,练习 3 组）

十七、弓步切按架掌（劈柴势）

（一）动作分析

接上势（腾身二起脚）,伴随着身体下落,右脚随即向身后落步,左脚脚跟外展,身体右转,左腿挺膝伸直,右腿屈膝半蹲成右弓步。同时,右掌臂外旋直臂由上向下、向右、向右上、向上划弧绕环摆动架于额头上方,掌指朝左,掌心向前;左掌直臂上举,屈肘经脸前向下切按,使掌指右膝内侧上方（接近右膝内侧）,掌指朝右,掌心向下;目视左前方（见图 7-39）。

图 7-39

（二）动作要点

（1）眼随手走，定势后向左前方注视，突显神态。

（2）右脚脚尖朝右前方，右膝向前顶，与脚尖保持垂直，不要超过脚尖；左脚脚尖向内扣，脚后跟外展。

（3）落步、转身、两掌上下绕环，均是在同一时间内连贯进行的，要协调一致，同时完成。

（4）身法要求：两肩要有沉劲，胸要挺，腰要有塌劲，头微微上顶，身体保持中正，胯要松，右大腿有撑劲，左腿要有蹬劲，使左脚、右脚脚后跟、右脚脚尖三个支撑点构成一个三角形，增加动作的稳固性。

（5）右掌向上撑，左掌向下按，形成一上一下对拉劲，注视左前方，突显精神饱满。

（三）易犯错误

（1）向后撤步太大或太小。

（2）眼未随手走。

（3）右弓步不到位，右膝盖超过脚尖或右膝未向前顶。

（4）两手掌运行路径不清晰，易直来直去，没有绕环划弧。

（5）收势之后，易忽视眼神注视，未能突显精神面貌。

（四）教学法

（1）反复进行架掌练习。（左右 5 次为 1 组，练习 3 组）

（2）反复练习二起脚接弓步架掌，体会落步、转身、两掌上下绕环、眼神注视等动作要点。（3 次为 1 组，练习 3 组）

十八、偷步绕臂沉肘（僧缚虎）

此动作的"偷步"实际上就是"插步"动作。

（一）动作分析

（1）接上势（弓步切按架掌），右掌由上向左屈肘抓肩，肘尖下垂，身体随之稍向上站起，身体向左转动，右脚插入左脚左后方，右脚前脚掌着地，脚后跟掀起，目视左前方（见图 7 - 40）。

（2）接上势，左腿向左侧开步，两腿屈膝半蹲成马步；同时，左掌从左膝上方变拳屈肘，由下向左、向上臂内旋，拳心朝后，拳面朝上向下沉压，肘尖朝下，小臂垂直，拳与肩平，目视左前方。如图 7 - 41～图 7 - 43 所示。

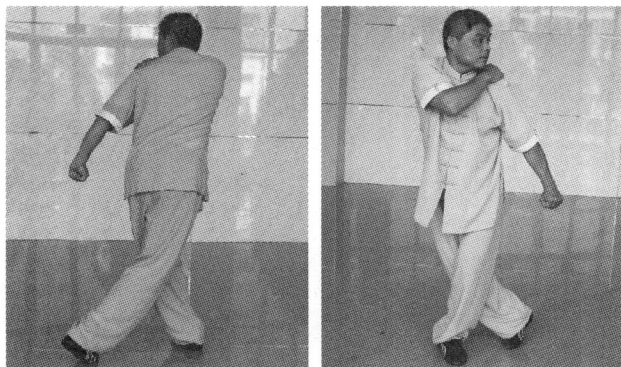

图 7 - 40

图 7 - 41

图 7 - 42

图 7 - 43

（二）动作要点

（1）抓肩与右脚插步同时完成，不分先后。

（2）左腿向左侧开步与左胳膊屈肘向下沉压同时完成，不分先后。

（3）左拳臂绕环，须以腰的小幅度回环为主宰，用腰来带动拳臂。

（4）马步时两腿膝关节不能超过脚尖，胯向后坐，膝关节与脚尖保持垂直。

（5）左臂沉下与两腿屈膝半蹲同时进行，融为一体。

（三）易犯错误

（1）抓肩、插步没有同时完成。

（2）开左步与压肘没有同时完成。

（3）压肘与身体重心下沉不能同时完成。

（4）臀部容易翘起，肩部容易耸起。

（5）收势之后，易忽视眼神注视，未能突显精神面貌。

（四）教学法

（1）反复进行插步练习。（左右 5 次为 1 组，练习 3 组）

（2）反复进行绕环压肘练习，体会身体上下肢协调配合。

（3）反复进行偷步绕臂沉肘练习。（3 次为 1 组，练习 3 组）

十九、马步架打冲拳(硬开工)

（一）动作分析

（1）接上势（偷步绕臂沉肘），右掌下划弧至左肘下变拳，同时左拳外旋屈肘收于右肩前，拳轮贴身，拳心朝左，目视左前方（见图 7-44）。

图 7 - 44

（2）接上势，右拳由下向上护左前臂，经脸部上架至额头上方，拳心朝外，左拳由右肩斜划至左侧、平伸向左侧冲拳，拳心朝下，目视左拳（见图 7 - 45）。

图 7 - 45

（二）动作要点

（1）右拳上架，右臂要保持肘臂且要屈成半圆形，收在右肩的上方。

（2）左拳冲出要与肩平，拳心朝下。

（3）身体右转的同时，右拳变掌外旋抓握。

（4）根据动作分析 1 右拳要护左肘关节外翻再屈肘上架。

（5）马步架打动作姿势形成后，两肩微向后撑。

（6）身法要求：立身中正，头微微上顶，含胸塌腰，两胯与两肩平，两膝不要超过两脚脚尖。

（三）易犯错误

（1）右拳直臂上架，未使肘臂保持半圆弧。

（2）右拳上架在头顶上方，未在右肩上方。

（3）左拳从腰间冲出未与肩保持相平。

（4）两胯与两肩未平，两膝关节超出两脚脚尖，两胯未向内收。

（四）教学法

（1）马步练习，体会顶劲领起、两胯与两肩平、两膝盖垂直于两脚脚尖、两胯向内收、五趾抓地的感觉。（每次站马步桩3分钟）

（2）反复练习架打，体会右拳外旋抓握力度。（每组5遍，反复练习2组）

二十、弓步盘肘（拗弯肘）

（一）动作分析

接上势（马步架打冲拳），身体左转，左脚脚尖、右脚脚跟一起外展，左腿屈膝，右腿蹬直，成弓步；同时，左拳变掌外旋从身前向左、向上至前额上方屈肘上架，掌心朝前，掌指朝右，右拳屈肘向下至左胸前（靠近左腋处），拳轮朝左，拳心朝下，肘尖朝正前方，臂肘屈平，目视前方（见图7-46）。

图 7-46

（二）动作要点

（1）做此动作，须注意腰胯劲与两臂向左摆动劲的结合。

（2）左掌一定要架在额头的上方，右肘尖一定要朝向前，臂肘屈平，两臂要有合劲。

（3）左脚脚尖朝向右前方，右脚脚尖朝右前方，左膝盖向前顶，两膝关节有合劲。整个身体环环相扣，有合劲。

（4）上架、顶肘、身体左转不分先后，一气呵成。

（三）易犯错误

（1）腰胯与两臂向左摆动不协调。

（2）左掌未架在额头上方。

（3）右肘尖未朝向正前方，臂肘未屈平。

（4）左脚脚尖朝向正前方，右脚脚尖朝右方，左膝盖未向前顶，两膝关节未有合劲。

（5）上架、顶肘、身体左转不协调，不能一气呵成。

（四）教学法

（1）反复练习左右弓步盘肘，体会左右腰劲的转动。（左右各3次为1组，练习3组）

（2）反复练习左右冲拳接弓步盘肘，体会直拳与肘击的结合。（3次为1组，反复练习4组）

二十一、并步捋手磕打（僧敲钟）

（一）动作分析

接上势（弓步盘肘），左腿直起，右脚向前上步并于左脚内侧；同时，左掌从上屈肘向右肘肘尖捋按，掌指朝右，右拳则以肘关节为轴，由左胸前（靠近左腋处）向上、向前直臂磕打，拳心朝上，力达拳背；在右拳向前直臂磕打的同时，左掌外旋，掌心向上，托住右肘关节，目视前方（见图7-47）。

图 7 - 47

（二）动作要点

（1）须注意右拳磕打与左掌托肘，一个是向下的劲，一个是向上的劲，两劲要形成合劲。

（2）右拳磕打的高度与眉齐，不能低于肩部。

（3）上步、磕打不分先后，同时完成。

（4）身体重心前倾，两腿要着力，左右脚五趾抓地。

（5）身法要求：松肩、塌腰、收腹，背部要撑圆。

（三）易犯错误

（1）右拳、左掌形不成合劲。

（2）右拳过高或过低。

（3）身法出现耸肩、左肘外翻等。

（4）上步、磕打不协调，不能一气呵成。

（四）教学法

（1）反复练习原地屈肘磕打。（左右各5次为1组，练习3组）

（2）反复练习上步屈肘磕打，体会下肢与上肢的协调配合。（3次为1组，反复练习5组）

二十二、托掌马步冲拳（巧纫针）

（一）动作分析

（1）接上势（并步捋手磕打），身体稍微向后仰，左掌贴着右前臂下面向前直臂托出，左臂内旋，虎口朝上，掌心朝前，向前上方托起；同时，右拳伴随左掌向前直臂托出，从左掌上面快速抽回屈肘收抱于右腰间，拳心朝上，右脚随即屈膝向身前提起，目视左掌（见图7-48）。

（2）接上势，右脚向前落步，身体向左转90度，左脚向左摆动90度，右脚脚尖朝前与左脚脚尖方向一致，两腿屈膝半蹲成马步；同时，左掌大拇指内扣（屈曲）成柳叶掌，屈肘臂外旋，伴随身体左转架于左肩上方，掌心朝上，右拳从腰间直臂冲打，拳心朝下，力达拳面，目视右前方（见图7-49～图7-50）。

图 7-48

图 7-49

图 7-50

（二）动作要点

（1）托掌与抽拳不分先后，同时进行。

（2）托掌时，身体稍微向后仰。

（3）托掌的高度与额齐，冲拳的高度与肩平。

（4）托掌与抽拳一前一后用力形成对拉劲，促使身体浑然一体。

（5）两膝关节不能超过脚尖，可与脚尖垂直。

（6）架掌与冲拳，两肩微向后张。

（7）身法要求：立身中正，松肩沉肘，含胸塌腰。

（三）易犯错误

（1）托掌与抽拳未同时进行，不能形成对拉劲。

（2）架掌与冲拳时，两肩未向后张。

（3）托掌的高度高于头部，冲拳的高度高于肩部。

（4）两膝关节超过脚尖，胯未向后坐。

（5）身体前倾，头未微微上顶，肩未松，腰未塌。

（四）教学法

（1）反复练习原地马步桩。（马步桩1次为3分钟，练习3组）

（2）反复练习左右马步架打，体会下肢与上肢的协调配合。（3次为1组，反复练习5组）

（3）反复练习托掌马步冲拳，体会托掌与抽拳、架掌与冲拳的协调，不分先后同时完成。（5次为1组，反复练习3组）

二十三、分掌弓步双推（僧推门）

（一）动作分析

（1）接上势（托掌马步冲拳），右拳变掌，左掌和右掌同时屈肘向两耳侧挑起，掌心朝耳侧，掌指朝后，目视左肘（见图7-51）。

图 7-51

（2）接上势，身体重心全部移至右腿，左腿屈膝向前提起，脚面绷平，脚尖斜朝下；同时，两肘下沉使掌绕至左右腋下，大拇指贴近左右肋骨处，掌心朝下，掌指朝前，目视右掌（见图7-52）。

（3）接上势，左腿向前落步，左腿屈膝半蹲，右腿挺膝蹬直成左弓步；同时，两拳从左右腋下直臂推出，小指一侧朝前，掌指朝上，目视两掌（见图7-53）。

图 7-52

图 7-53

（二）动作要点

（1）两掌向两耳侧挑起与目视左肘同时进行，不分先后。

（2）两肘向下沉与左膝提起同时进行，不分先后，眼睛要注视右手掌。

（3）左腿向前上步，两掌推掌同时进行，不分先后。

（4）两掌向两耳侧挑起时，两肘向上抬起。

（5）两掌推掌，掌指高与眉齐，两掌要挫腕，左膝向前顶与脚尖并齐，保持垂直，右腿挺膝伸直。

（6）两掌推掌时，身体不可前倾，保持正直。

（三）易犯错误

（1）眼睛与动作配合不协调。

（2）上肢与下肢不能同步完成。

（3）两掌推掌时，掌高于眉毛。

（4）两掌推掌时，左脚脚后跟易掀起。

（5）两掌推掌时，右脚脚尖未内扣，身体前倾。

（四）教学法

（1）反复练习左右弓步。（左右转换 3 次为 1 组，练习 3 组）

（2）反复练习左弓步双推掌，体会两掌与上步的协调配合。（3 次为 1 组，反复练习 5 组）

二十四、虚步护身掌

（一）动作分析

（1）接上势（分掌弓步双推），身体重心向前移至左腿，左腿稍向上站起，提起右腿，用右脚脚面勾扣于左脚的膝弯处。同时，两掌臂外旋使拳心朝上，从两侧直臂向下，向后弧形摆动（见图 7－54）。

（2）接上势，右脚向身体右侧方落步，右脚脚后跟外展，脚尖内扣，身体向左转，两腿屈膝，重心落于右腿成左虚步，右脚脚尖点地。同时，两手掌从两侧由下向上划弧合于胸前，左掌在前，右掌在后，两手掌相对，右掌屈肘于左肘内侧。两掌小指一侧均朝前，目视两掌（见图 7－55～图 7－56）。

图 7-54 图 7-55 图 7-36

（二）动作要点

（1）两掌臂外旋，掌心朝上向两侧划弧。

（2）上右步成左虚步与两拳合于胸前同步进行，不分先后。

（3）两掌高度：左掌掌指高与眉齐，右掌掌指高与颌齐，屈腕绷掌，目视两掌。

（4）定势身法要求：头微上顶，两肩松沉，两肘下坠，重心压在右腿，左脚虚脚点地。

（三）易犯错误

（1）两掌臂内旋，掌心朝后，直臂向下、向后划弧摆动。

（2）两掌高度不清晰。

（3）两肩未松，两肘未沉或未向下坠。

（4）虚步未做到松胯，两胯要平。

（四）教学法

（1）反复练习左虚步。（左右虚步各3分钟为1组，练习3组）

（2）反复练习上步虚步护身掌，体会上肢与下肢的协调配合（两掌与上步的配合）。（3次为1组，反复练习5组）

二十五、收势

（一）动作分析

（1）接上势（虚步护身掌），右脚脚后跟里转，起身身体右转，脚尖朝向正前方，两腿直起，左脚随之向右脚并步靠拢，同时两掌变拳屈肘收抱于两腰间，拳心向上,拳轮贴身,目视左侧(见图7-57~图7-58)。

图7-57

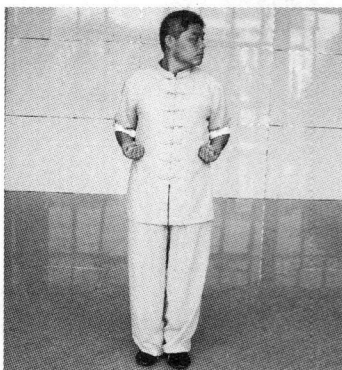

图7-58

(2)接上势,两拳稍向上提变掌内旋,掌心朝下,掌指朝前,两掌大拇指贴身从两腰间侧下按至两胯处外旋直臂下垂,脸向右转向正前方,两掌心朝向裤缝中线,掌指朝下,目视正前方(见图7-59)。

(二)动作要点

(1)该动作为收势动作,头要端正,下颌内收,目视前方。

(2)挺胸收腹,两肩要沉,两臂自然下垂。

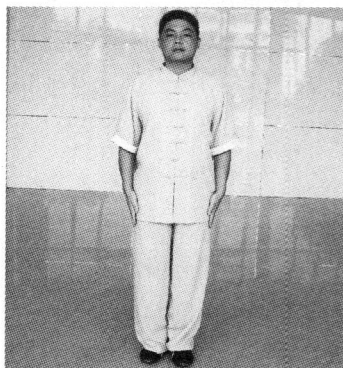

图7-59

(3)两掌变拳收抱于两腰间,要注意目视左侧,两拳变掌直臂下垂时,要注意配合呼吸,同时目视正前方,体现出精神饱满。

(三)易犯错误

(1)两掌变拳收抱于两腰间时,两眼向正前方目视。

(2)两拳变掌直臂下垂时,未两拳稍向上提起再变掌。

(2)容易出现低头或仰头等现象。

(四)教学法

反复练习并步抱拳。体会挺胸收腹,两肩向后张,两肘夹紧两肋骨,头要端正,下颌内收,目视左侧。(3次为1组,反复练习3组)

第八章　套路动作招式实战分析

第一节　初级长拳第三路套路动作攻防含义

一、弓步冲拳

（一）实战技法

（1）两人格斗姿势站立（见图 8-1），对手用右直拳攻击我面部，我迅速用左手格挡上架防守（见图 8-2），顺势我用右直拳攻击对手面部或胸、腹部（见图 8-3）。

（2）两人格斗姿势站立，对手用左直拳攻击我腹部，我迅速用左手格挡（见图 8-4），顺势上步我用右直拳攻击对手面部或肋部（见图 8-5）。

图 8-1

（3）两人格斗姿势站立，对手用右直拳或左直拳攻击我，我用右直拳格挡（见图 8-6），同时又反击（用反背拳）对手面部或胸部（见图 8-7）。

图 8-2

图 8-3

图 8 - 4

图 8 - 5

图 8 - 6

图 8 - 7

（二）动作要点

格挡、冲拳同时进行，一气呵成。

二、马步冲拳

（一）实战技法

两人实战姿势站立（见图 8 - 8），对手用左拳攻击我面部时，我迅速用左手上架外旋抓捋对手手腕部（见图 8 - 9），顺势上步用右拳打击对手肋骨或胸部（见图 8 - 10）。如对手用右拳攻击，则方法相反。

图 8 - 8

图 8-9

图 8-10

（二）动作要点

上架外旋抓捋回拉要快速有力,与右拳攻击同时进行。

三、弹腿冲拳

（一）实战技法

两人格斗姿势站立(见图 8-11),我用左拳攻击对手面部(虚晃一下),顺势快速用右腿弹踢对手裆部或腹部,致使对手来不及防守而受到重撞(见图 8-12～图 8-13)。

图 8-11

图 8-12

图 8-13

（二）动作要点

左拳"声东击西"要逼真,右腿速度要快。

四、弓步推掌

（一）实战技法

（1）两人格斗姿势站立(见图 8-14),对手用左拳攻击我面部,我迅速用左掌拨开(或捋开)对手之拳(见图 8 - 15),顺势用右掌推击或插击对手面部或胸、肋部(见图 8 - 16～图 8 - 17)。

(2)两人格斗姿势站立,对手用左腿攻击我左腿或右肋骨时,我迅速向右侧滑步,用左手搂开对手腿击(见图 8 - 18),顺势出右掌推击对手胸、腹部或面部(见图 8 - 19)。

图 8 - 14

图 8 - 15

图 8 - 16

图 8 - 17

图 8 - 18

图 8 - 19

（二）动作要点

动作要快速猛力,左手与右手要协调配合,同时进行。

五、虚步栽拳

（一）实战技法

两人格斗姿势站立(见图8-20),对手用腿法攻击我时,我顺势提膝或左勾手(或右勾手)向下格挡对手的腿法(见图8-21)。

图8-20

图8-21

（二）动作要点

勾手向下格挡,同时身体要旋转配合。

六、提膝穿掌

（一）实战技法

两人格斗姿势站立(见图8-22),对手用右拳攻击我面部或胸部时,我迅速用左掌向下盖压、截压(见图8-23),顺势出右掌穿击对手的喉部或面部、眼睛等(见图8-24)。

图8-22

图8-23

图8-24

（二）动作要点

盖压、右穿掌同时进行，一气呵成。

七、仆步穿掌

（一）实战技法

两人格斗姿势站立（见图 8 - 25），对手用左拳攻击我时，我迅速用右手上架外旋抓捋（见图 8 - 26～图 8 - 27），顺势上步将左拳穿插入对手裆下，使左肩部紧贴对手胸腹部（见图 8 - 28），再右手向右后方引劲，左手左肩将对手扛起向右后方倾倒，好似"倒布袋"，将对手摔倒在地，受到重撞（见图 8 - 29）。

图 8 - 25

图 8 - 26

图 8 - 27

图 8 - 28

图 8 - 29

（二）动作要点

顺势上步穿掌要快速迅猛，与左肩扛起、右手抓捋一气呵成。

八、马步推掌

（一）实战技法

两人格斗姿势站立（见图 8 - 30），对手用右拳攻击我面部时，我迅速用右手上架（见图 8 - 31）外旋抓捋回拉，顺势出左掌攻击对手胸部、腹部、面部等（见图 8 - 32）。

图 8 - 30

图 8 - 31

图 8 - 32

（二）动作要点

上架外旋抓捋回拉要快速有力，与左掌攻击同时进行。

九、转身踢腿

（一）实战技法

两人格斗姿势站立（见图 8 - 33），对手出右拳攻击我面部时，我用左手格挡

（见图 8－34），顺势用右拳由上向下盖打对手头部（或面部），同时用右腿踢击（在实践中弹踢、正蹬、勾踢都可以用，根据自己擅长的腿法来运用即可）对手裆部或腹部，致使对手受到重撞或倒地（见图 8－35）。

图 8－33

图 8－34

图 8－35

（二）动作要点

上架格挡、盖打（劈打）、踢击同时进行，一气呵成。

十、马步盘肘

（一）实战技法

（1）两人格斗姿势站立（见图 8－36），对手用左拳攻击我时，我迅速用左手上架（见图 8－37）外旋抓捋对手左臂或手腕，顺势上步用右肘攻击对手左肋骨，致使对手受到重撞或跌倒（见图 8－38）。

（2）两人格斗姿势站立，对手用右拳攻击我面部时，我迅速用左手上架（见图 8－39）外旋抓捋对手腕部或右臂，顺势上步用右肘攻击对手胸部、肋部，致使对手受到重撞或跌倒（见图 8－40）。

图 8 - 36

图 8 - 37

图 8 - 38

图 8 - 39

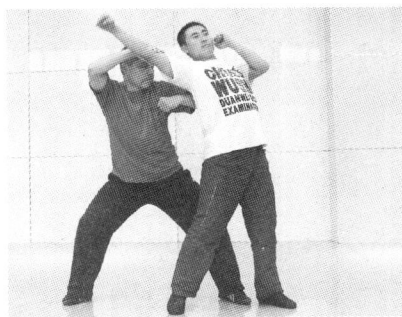

图 8 - 40

（二）动作要点

上架外旋抓捋、上步、肘击等要快速有力，协调配合，一气呵成。

十一、仆步亮掌

（一）实战技法

此招式的实战技法主要从动作过程中去探寻。两人格斗姿势站立（见图 8-41），对手用左拳攻击我面部时，我通过右掌下压（或下格挡拨开）对手左拳（见图 8-42），顺势左掌穿击对手咽喉或面部（如眼睛等），致使对手受到重撞或跌倒（见图 8-43）。

图 8-41

图 8-42

图 8-43

（二）动作要点

下压或下格挡拨开，与穿掌速度要快，协调配合。

十二、弓步劈拳

（一）实战技法

（1）两人格斗姿势站立（见图 8-44），对手用左拳攻击我面部时，我迅速用左拳上架(见图 8－45)外旋抓捋对手左臂,顺势上右步用右拳劈击对手头部,致使对手受到重撞(见图 8－46)。

图 8－44

图 8－45

图 8－46

(2) 两人格斗姿势站立(见图 8－47),对手用左拳攻击我面部时,我迅速用左拳上架(见图 8－48)外旋抓捋对手左手腕,使对手左臂旋转肘尖面对我。我顺势上右步,用右前臂外侧击打对手肘关节处,造成击打与抓握旋转二力相反(如剪刀力,一个向内的力,一个向外的力),致使对手肘关节受到重撞(见图 8－49)。

图 8 - 47

图 8 - 48

图 8 - 49

（二）动作要点

上架抓捋、上步劈打、肘击协调配合，速度要快。

十三、弓步下冲拳

（一）实战技法

两人格斗姿势站立（见图 8 - 50），对手用拳（左、右拳都可以）攻击我时，我迅速用左拳上架格开对手拳法（见图 8 - 51～图 8 - 52），顺势用右拳击打对手胸部或腹部（见图 8 - 53～图 8 - 54）。

图 8 - 50

图 8 - 51

图 8 - 52

图 8 - 53

图 8 - 54

（二）动作要点

上架格挡、右拳打击，要快速有力，协调配合。

十四、弓步顶肘

（一）实战技法

两人格斗姿势站立（见图 8 - 55），对手用左拳攻击我时，我迅速用左掌上架（见图 8 - 56），顺势上右步于对手左腿外侧，贴近腿部；同时，用右肘顶击对手左肋骨，致使对手受到重撞（见图 8 - 57）。

图 8 - 55

图 8 - 56

图 8 - 57

（二）动作要点

上架、上步、顶肘同时进行，协调配合，快速有力。

十五、拍脚

（一）实战技法

以左拍脚为例，两人格斗姿势站立（见图 8 - 58），我用左腿踢击对手腹部（见图 8 - 59），致使对手前倾；我顺势用右拳由上往下劈打对手头部，致使对手受到重撞或跌倒（见图 8 - 60）。（右拍脚则相反）

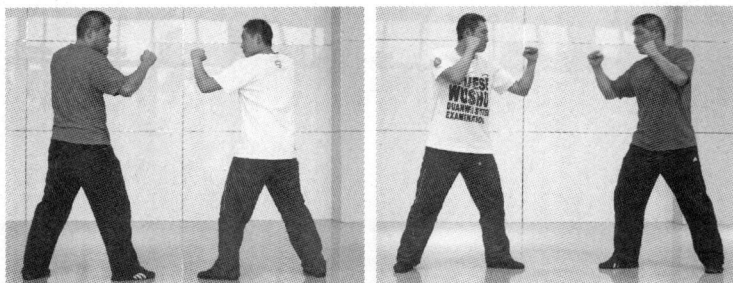

图 8 - 58

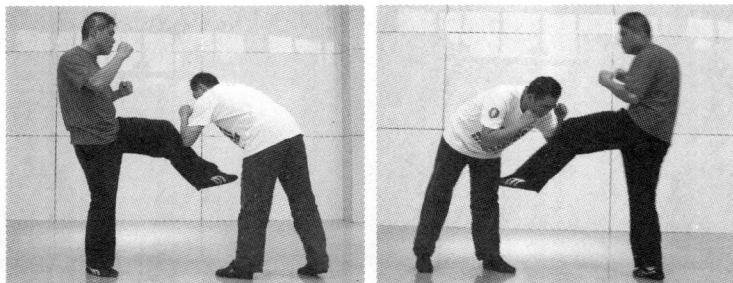

图 8 - 59

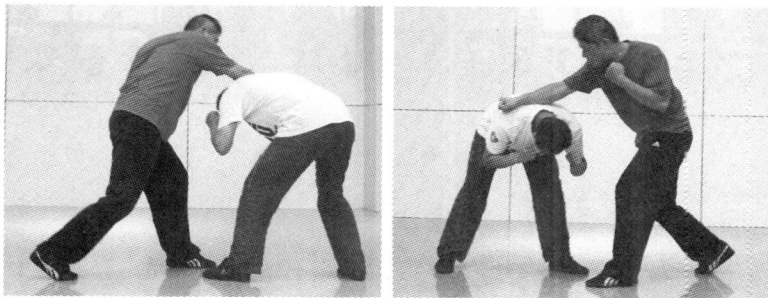

图 8 - 60

（二）动作要点

踢击要逼真,给对方造成威胁,劈打快速有力。

十六、仆步抡劈拳

（一）实战技法

此招式在格斗技法中动作幅度比较小,主要属于防守动作。两人实战姿势站立(见图 8 - 61),对手用腿法攻击我时,我迅速退步,并顺势用右手拍挡对手腿击,以保护我自己不受重撞(见图 8 - 62)。

图 8 - 61

图 8 - 62

（二）动作要点

退步、拍挡要迅速,同时进行,协调一致。

第二节　罗汉十八手套路动作攻防含义

一、拦手锁喉(鹰掐嗓)

(一)实战技法

　　双方格斗姿势站立(见图 8-63),当对方以右直拳攻击我时,我迅速以左掌拦拨对手右直拳(见图 8-64);同时,右手拇指迅速张开,其余四指并拢,拳心朝下,由右侧直臂向前伸出,用虎口叉向对手咽喉(见图 8-65)。如果右手叉向对手咽喉时,被对手左格挡拨开,我便迅速用左手从右胳膊下向前再次锁击对手咽喉(见图 8-66),致使对手咽喉受伤或失去战斗力(见图 8-67)。

图 8-63

图 8-64

图 8-65

图 8-66

图 8 - 67

（二）动作要点

拦拨与锁喉要协调一致，凶狠有力。

二、马步架打（硬开弓）

（一）实战技法

双方格斗姿势站立（右脚在前）（见图8-68），当对手以右直拳攻击我时，我迅速用右手抓住对手右手腕往右牵引（见图8-69）；同时，迅速上步于对手右腿外侧，出击左直拳打击对手右肋部，致使对手肋部受伤或倒地（见图8-70）。

图 8 - 68

图 8 - 69

图 8 - 70

（二）动作要点

抓腕要准，快速上步，打击要狠，三者协调一致，一气呵成。

三、挎肘撅臂（挎篮势）

（一）实战技法

格斗姿势站立（对方右脚在前，我左脚在前）（见图8－71），当对手以右拳攻击我面部时，我迅速抓握对手手腕外旋（见图8－72）；同时，快速上右步，右拳随身体左转，由下向上打击对手腹部或下巴颏，致使对手腹部受伤而倒地（见图8－73）。

图8－71

图8－72

图8－73

（二）动作要点

抓握、上步、挎击协调一致，凶猛有力，一气呵成。

四、弓步缩肘（降龙手）

（一）实战技法

（1）双方格斗姿势站立（左脚在前）（见图8－74），当对手以左直拳攻击我面部时，我迅速抓握对手手腕或前手臂（见图8－75）；同时，快速上右步于对手左腿外侧，用右肘尖肘击对手左肋部，致使对手肋部受伤（见图8－76）。

（2）当对手用右手抓住我右手腕时（见图8－77），我右手上提，顺势左手按抓对手右手并予以固定（见图8－78）；同时，身体

图8－74

左转、下沉,右肘向上提起,由上向前、向下绕环压下,右手握拳,拳心贴住右胸,致使对手倒地屈服(见图8-79)。

　　(3)双方格斗姿势站立(对手右脚在前,我左脚在前)(见图8-80),当对手以右直拳攻击我面部时,我用右拳格挡或抓握(见图8-81);同时,快速上右步于对手右腿外侧,用右肘肘击对手胸部或面部,致使对手受伤或倒地(见图8-82)。

图 8-75

图 8-76

图 8-77

图 8-78

图 8-79

图 8-80

图 8-81

图 8-82

（二）动作要点

上步与别肘同时进行，协调一致，一气呵成。

五、僧敲钟（捋手磕打）

（一）实战技法

双方格斗姿势站立（见图 8-83），当对手以直拳攻击我时，我迅速用左手向下截压（见图 8-84）；同时，快速上步敲击对手面部，致使对手受伤或失去战斗力（见图 8-85）。如果对手和我的格斗姿势都是左脚在前（见图 8-86），那么对

图 8-83

图 8-84

图 8-85

图 8-86

手用直拳攻击我时,我便迅速上步,用右脚踩击对手左脚尖;同时,用右拳敲击对手面部,致使对手受伤(见图8-87~图8-88)。

图 8-87

图 8-88

(二)动作要点

向下截压、上步、敲击连贯一致,打击有力,一气呵成。

六、弓步架打(架梁炮)

(一)实战技法

双方格斗姿势站立(见图8-89),对手以直拳攻击我面部时,我迅速用左拳上架于额头(见图8-90),致使对手身体重心稍高,我迅速用右拳打击对手左肋部或腹部等,致使对手受伤(见图8-91)。

图 8-89

图 8-90

图 8-91

(二)动作要点

上架、冲拳同时进行,快速有力,协调一致。

七、弓步冲拳(一条椽)

(一)实战技法

双方格斗姿势站立(见图8-92),当对方以左直拳攻击我时,我迅速以左拳格挡对手右直拳(见图8-93);同时,迅速冲击右直拳攻击对手面部,致使对手受伤(见图8-94)。

图8-92

图8-93

图8-94

(二)动作要点

格挡与冲拳要协调一致,打击要凶狠有力。

八、抓腕钩踢(金钩挂)

(一)实战技法

双方格斗姿势站立(左脚在前)(见图8-95),当对手以左拳攻击我时,我迅速用左掌外旋抓握对手腕部(见图8-96),快速用右腿勾踢对手左腿踝关节处

（将对手左腿挂住向斜上方勾挑，脚尖斜向上）；同时，右拳变掌直臂快速摆向对手胸前，横拨对手身体，掌心向下，致使对手倒地，失去战斗力（见图8-97）。

图 8-95

图 8-96

图 8-97

（二）动作要点

勾踢、横拨要连贯一致，快速有力，一气呵成。

九、扭缠丝（金丝缠腕）

（一）实战技法

双方格斗姿势站立（对手右脚在前，我左脚在前）（见图8-98），当对手以右掌抓我手腕时（见图8-99），我快速用右掌外旋切击对手右手腕部，致使对手跌地（见图8-100～图8-101）。如果想进一步打击对手，可以在缠腕的同时，用右脚跺击对手右脚尖，致使对手受伤。如图8-102～图8-104所示。

图 8-98

图 8 - 99

图 8 - 100

图 8 - 101

图 8 - 102

图 8 - 103

图 8 - 104

（二）动作要点

缠腕迅速、有力，与转腰连贯一致，一气呵成。

十、伏身后扫（扫堂腿）

（一）实战技法

（1）双方格斗姿势站立（左脚在前）（见图 8 - 105），对手以左直拳或右直拳攻击我头部时,我迅速下潜,左腿屈膝半蹲(见图8-106～图8-107),双手扶地做后扫腿,用右小腿后面接近脚跟部位扫荡对手左腿,将对手扫倒(见图8-108)。

图 8-105

图 8-106

图 8-107

图 8-108

(2) 双方格斗姿势站立,对手以侧踹腿或横踢腿攻击我上盘时,我便迅速下潜,左腿屈膝半蹲,双手扶地做后扫腿(见图8-109～图8-110),用右胫后面接近脚跟部位扫荡对手支撑腿,致使对手倒地(见图8-111)。

图 8-109

图 8-110

图 8-111

（二）动作要点

抓住时机、快速俯身，扫转迅速有力，一气呵成。

十一、翻身劈砸（披身捶）

（一）实战技法

此招法为罗汉十八手连环击打法。双方格斗姿势站立（右脚在前）（见图 8-112），当对手用直拳从我身后袭击我时（见图 8-113），我迅速翻身左劈砸，截压对手直拳（见图 8-114）；同时，迅速右拳劈砸对手头部、面部、胸部等，致使对手受伤（见图 8-115）。若格斗姿势左脚在前则动作与此相反。

图 8-112

图 8-113

图 8-114

图 8-115

（二）动作要点

左右拳劈砸要连贯，协调一致，凶猛有力，一气呵成。

十二、弹踢冲拳（踢球势）

（一）实战技法

双方格斗姿势站立（左脚在前）（见图 8 - 116），我以左腿弹踢对手裆部，对手快速俯身（见图 8 - 117），我便快速用右拳打击对手头部，致使对手受伤（见图 8 - 118）。如在我弹踢对手裆部时，对手后退（见图 8 - 119），我便迅速上步冲右拳，打击对手面部，致使对手失去战斗力或后退（见图 8 - 120）。

图 8 - 116

图 8 - 117

图 8 - 118

图 8 - 119

图 8 - 120

（二）动作要点

弹踢、冲拳要协调一致，快速凶猛，力达脚尖和拳面，一气呵成。

十三、腾身二起(鸳鸯腿)

（一）实战技法

二起脚又称"阴阳脚"。双方格斗姿势站立(见图 8－121)，当对手以任何方式做正面进攻时，我即用左脚弹踢或踢击对手小腹或裆部，当对手受击向后收腹或是收腹避开我的踢击时(见图 8－122)，我迅速右腿蹬地跳起，绷起脚面，踢击对方腹部或下颌，致使对手受重伤(见图 8－123)。

图 8－121

图 8－122

图 8－123

（二）动作要点

(1) 右脚踢击要逼真、有力，一定要给对手造成威胁。

(2) 右脚蹬地、跳起、踢击要协调一致，快速有力，一气呵成。

十四、沉肘截腕(僧缚虎)

（一）实战技法

当两人相向而行时(见图 8－124)，对手突然用右手抓击我的左肩部(见图 8－125)，我便迅速用右手抓住对方右手并进行固定(见图 8－126)；同时，左拳抡臂压肘砸击对手肘关节处，致使对手胳膊受伤或倒地(见图 8－127～图 8－128)。

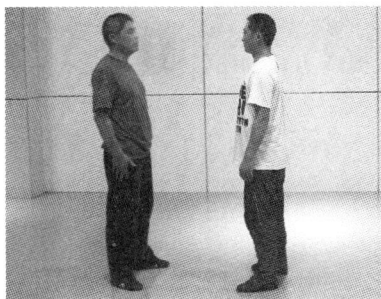

图 8 - 124

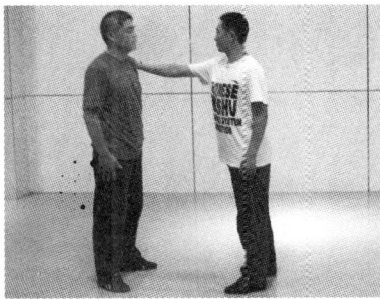

图 8 - 125

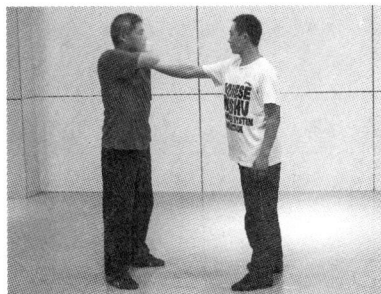

图 8 - 126

图 8 - 127

图 8 - 128

（二）动作要点

抓击对手手腕要固定，压肘要快速有力，协调一致，一气呵成。

十五、右盘肘（拗弯肘）

（一）实战技法

（1）双方格斗姿势站立（见图 8 - 129），当对手以右直拳向我打击时，我左脚向前滑半步,左拳外旋上架格挡(见图8-130),同时身体左转,右臂盘肘前击对手脸部或胸部,顺势右腿跟进,重心在左腿,目视前方(见图8-131)。

(2)双方格斗姿势站立,如果对手以左直拳攻击我,我迅速用左拳外旋上架额头挡击(见图8-132),同时用右拳摆击对手左侧肋部,致使对手肋部受伤(见图8-133)。

图 8-129

图 8-130

图 8-131

图 8-132

图 8-133

（二）动作要点

上架格挡与盘肘要同时进行，拧腰、松胯，快速有力，力达肘尖。

十六、托肘穿打（巧纫针）

（一）实战技法

（1）双方格斗姿势站立（左脚在前）（见图8-134），对手以左拳攻击我面部时，我迅速用左拳上架（见图8-135）；同时，快速上步，用右拳打击对手左肋部或腹部，致使对手受伤（见图8-136）。

（2）双方格斗姿势站立（见图8-137），我用右拳攻击对手面部时，对手用右拳挡击；我便迅速用左手托起对手右胳膊（见图8-138～图8-139），同时快速用右拳打击对手右肋部或腹部，致使对手受伤（见图8-140）。

图8-134

图8-135

图8-136

图8-137

图8-138

图 8-139

图 8-140

（二）动作要点

上架、打击快速有力，协调一致。

十七、切掌击腿（劈柴势）

（一）实战技法

双方格斗姿势站立（见图 8-141），当对手以右拳攻击我面部时，我迅速用左拳下拨、截压（见图 8-142）；对手顺势用右腿踢击我小腹或裆部，我快速用右掌切击对手小腿迎面骨，予以防守，左掌架于额头上方（起到防护头部之作用）（见图 8-143）。

图 8-141

图 8-142

图 8-143

（二）动作要点

下拨、截压、切击快速有力，协调一致。

十八、分掌双推（僧推门）

（一）实战技法

双方格斗姿势站立（见图 8 - 144），当对手以双风贯耳招式进攻（也就是两拳同时向我头部摆击），我便迅速用双掌挡击横拨（见图 8 - 145～图 8 - 146）；同时，进步用双掌推击对手胸部、腹部，致使对手后退或受伤（见图 8 - 147）。

图 8 - 144

图 8 - 145

图 8 - 146

图 8 - 147

（二）动作要点

上架挡击、双推掌要连贯一致，快速凶猛，一气呵成。

第九章　中学武术竞赛组织与评判

第一节　武术竞赛组织

中小学里举行的武术比赛主要分为两种模式：第一,学校与学校之间的武术比赛(包括市、区中小学武术的比赛);第二,校内举行的武术教学比赛。第一种比赛模式在当前中小学开展很少,第二种比赛模式则较为常见,主要在那些具有传统体育(武术)特色的中小学校中得到开展。如何具体组织一场中小学武术教学比赛? 需做哪些准备? 需设置哪些机构?

一、武术竞赛组织机构及其职责

(一) 仲裁委员会

要成立仲裁委员会,仲裁主任由校长来担任,副校长为委员,共 3 人组成。主要负责处理学生对评分不满、提出申诉等问题。仲裁委员会及时做出裁决,但不改变评判结果。

(二) 裁判人员

鉴于中学武术教师的人数不多,裁判组可设立 5 人(其中裁判长 1 人、裁判员 4 人)、记分员 1 人、检录员 1 人、宣传员 1 人,共计 8 人。一般情况下,裁判组的人员由体育教研组的教师担任(最好是担任过武术课程的老师),但裁判长须由武术教师或聘请校外武术裁判来担任。记分员、检录员和宣传员可以挑选班级里的同学来担任此项任务。

(三) 裁判长的职责

(1) 领导各裁判员的工作,保证比赛评分规则的执行,检查落实赛前各项准备工作。

(2) 解释评分规则与规程。在比赛过程中,根据比赛需要可调动裁判人员工作,裁判人员发生严重错误时,有权处理。

（3）对运动员在赛场上的无理纠缠,有权给予警告;对不听劝告者,取消其比赛成绩。

（4）审核并宣布成绩,做好裁判工作总结。

（5）主要控制运动员演练武术套路的时间,时间一到立刻鸣笛或吹哨。

（四）记分员的职责

记录员主要记下裁判员给出的分数,然后统计出运动员最后的得分。

（五）检录员的职责

按照秩序册上的比赛顺序,提前10分钟点名,带领运动员入场至上场演练武术套路的位置,然后等待裁判长的示意,方可上场比赛。

二、做好赛前准备

每次武术比赛之前,为了确保武术比赛评分的客观性、公正性等,都要让裁判员对规程、规则、评分标准与方法进行学习。同时,为确保裁判工作的质量,必要时也可在赛前组织他们试评分,以便从中发现问题并及时讲解、指导,为正式投入赛场工作做好充分准备。

三、场地示意图

裁判人员的工作位置如图9-1所示。其中,裁判长、裁判员、计时/记分员均面向场内站立。

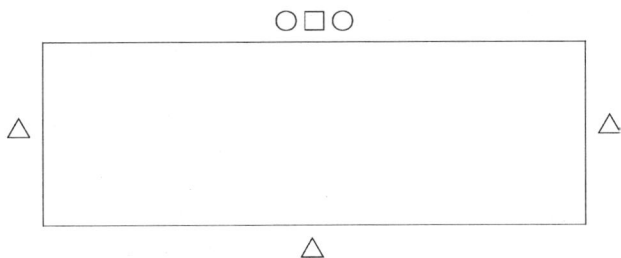

图 9-1　裁判人员工作位置示意图

"□"表示裁判长　"△"表示裁判员　"○"表示计时/记分员

第二节　武术竞赛评判

一、评分标准

中小学武术教学内容一般为基本功或初级套路，因而不能在比赛过程中使用全国或省、市、区竞技武术比赛的规则，而应该本着鼓励多数学生参与比赛，又能够评出高低，激发学生对武术兴趣的目的来开展武术比赛活动。

由于中小学武术比赛相当于教学比赛，我们就采用百分制（100 分）来进行评分。评分划分为 5 个档次来进行评定，具体如下：

（1）90～100 分者：动作规范，方法清楚，劲力顺达，节奏分明，手、眼、身、步协调配合，熟练完成套路。

（2）80～89 分者：动作规范，方法清楚，劲力比较顺达，手、眼、身、步能较好配合，能比较熟练地完成套路。

（3）70～79 分者：动作比较规范，方法比较清楚，能无遗忘地完成套路。

（4）60～69 分者：动作无大错误，方法基本体现，演练时虽出现短暂遗忘（遗忘不超过两次）、动作不协调现象，但僵劲不十分突出，基本能独立完成套路。

（5）60 分以下者：动作不规范，方法不清楚，套路不熟练，不能独立完成套路。

以上套路评分主要针对拳术和器械。如果对集体项目进行评分，还需加上"队形整齐，动作一致"的要求。

二、评分方法

裁判员根据学生在运动场上演练武术套路所发挥的水平，给出一定的分数，且这个分数是扣掉了运动员出现错误的分数之后的最后得分。裁判员听到裁判长鸣笛或吹哨后同时示分，记分员依次记录下各个裁判员的分数，然后进行统计。如果是 3 个分数，那么就去掉最高分和最低分，直接取中间的分数即可。如果是 5 个分数，那么就得去掉最高分和最低分，然后除以 3 得到的平均数就是运动员的最后得分。裁判长宣布运动员的最后成绩，运动员在场外指定位置听到自己的最后成绩时，向裁判长行抱拳礼，然后离开赛场。

三

评价部分

第十章　考试与评价

第一节　考试与评价组织方式

一、考核方式

主要的考核方式如下：

（1）理论考核。学期末采用闭卷考试形式，由教研室统一命题。

（2）技术考核。初级长拳第三路或传统拳术罗汉十八手演练。

（3）能力考核。针对演练套路中的每一个动作进行示范、讲解、教学等。期中考试后随堂进行，学生通过抽签选取某个拳术动作，每人20分钟。

二、成绩比例

成绩的比例构成如下：

（1）技术成绩：50％；

（2）理论成绩：20％；

（3）能力成绩：20％；

（4）平时成绩：10％。

三、评价标准

（一）技术评价（100分）

要求每个学生独立完成所学的各项武术套路的演练，按照武术的技评规则评分。

（1）优秀（90～100分）：动作规范，方法清楚，劲力顺达，节奏分明，手、眼协调配合，熟练完成套路。

（2）良好（80～89分）：动作规范，方法清楚，劲力比较顺达，手、眼有配合，能较熟练地完成套路。

（3）中等（70～79 分）：动作比较规范，方法比较清楚，能较熟练地完成套路。

（4）及格（60～69 分）：动作无大错误，方法比较清楚，演练时有短暂遗忘（遗忘不超过两次）、动作不协调现象，但僵劲不太明显，能独立完成套路。

（5）不及格（60 分以下）：动作不规范，方法不清楚，套路不熟练（不能独立完成套路）。

（二）理论评价（100分）

课堂闭卷考核（满分 100 分），试卷由教研室统一命题。

（三）能力评价（100分）

能力评价的内容设置如下：

（1）语言能力（20 分）；

（2）示范能力（20 分）；

（3）教学组织能力（20 分）；

（4）创编套路能力（20 分）；

（5）预防与纠正错误的能力（20 分）。

（四）平时评价（100分）

（1）学习态度。根据学生的出勤率、课堂提问和完成作业的情况给予评分。

（2）学习能力。根据学生自主学习、探究问题、合作学习的情况给予评分。

第二节　技术与能力考试内容

一、技术考试内容

1. 长拳套路：初级长拳第三路　　　　2. 传统套路：罗汉十八手

（以上两种套路学生选取其一进行演练，教师给予评分）

二、能力考试内容

（一）长拳动作名称

1. 弓步冲拳—弹腿冲拳—马步冲拳
2. 大跃步前穿
3. 弓步击掌—马步架掌
4. 提膝仆步穿掌
5. 马步击掌—叉步双摆掌
6. 转身踢腿马步盘肘
7. 马步盘肘—歇步抡箍拳
8. 仆步亮掌—弓步劈拳
9. 换跳步弓步冲拳
10. 虚步挑拳—弓步顶肘
11. 转身左右拍脚
12. 腾空飞脚—歇步下冲拳
13. 仆步抡劈拳—提膝挑掌
14. 提膝劈掌—弓步冲拳
15. 仆步穿掌—虚步挑掌

（二）罗汉十八手动作名称

1. 弓步推掌（鹰掐嗦）
2. 挎肘撅臂（挎篮势）
3. 马步架打（硬开弓）
4. 弓步架打（架梁炮）
5. 弓步绾肘（降龙手）
6. 掳手磕打（僧敲钟）
7. 托掌马步冲拳（巧纫针）
8. 格挡弓步冲拳（一条椽）
9. 挂腿勾踢（金钩挂）
10. 缠腕马步冲拳（扭缠丝）
11. 伏地后扫腿（扫堂腿）
12. 翻身弓步劈砸（披身捶）
13. 冲拳弹腿踢球（踢球势）
14. 腾身二起脚（鸳鸯脚）
15. 弓步切按架掌（劈柴势）
16. 偷步绕臂沉肘（僧缚虎）
17. 马步架打冲拳（硬开工）
18. 弓步盘肘（拗弯肘）
19. 并步掳手磕打（僧敲钟）
20. 托掌马步冲拳（巧纫针）
21. 分掌弓步双推（僧推门）

试题部分

第十一章 理论试题及答案

第一节 理论试题

一、名词解释

1. 武术   2. 武德   3. 劲力

4. 精神   5. 长拳   6. 太极拳

7. 八法   8. 六合   9. 眼法

10. 节奏   11. 推手   12. 身法

13. 对练   14. 短兵   15. 十二型

16. 套路运动   17. 功法运动   18. 搏斗运动

17. 自选套路   20. 武术技法

二、填空题

1. 武术起源于我们远古祖先的_____。

2. 唐代长安二年建立了_____,以考试的办法来选拔武勇人才,促进了武术的发展。

3. 1990 年,国际武术联合会在_____(地名)正式成立,自此,武术运动在世界范围内走上了有组织的发展阶段。

4. 1997 年,"中国武术段位制"颁布实施,将武术段位定为_____。

5. 拳术是指_____的套路运动。

6. 传统武德的主要内容主要表现为_____、_____、_____、信、勇等方面。

7. 长拳的姿势主要指_____的姿态。上肢动作要_____,下肢动作要_____,整个形体动作的姿势要匀称。

8. 眼法是指_____与_____协调配合的方法。

9. 身法是指在运动中以_____为主,结合_____的身体变化方法。

10. 长拳的呼吸方法有"提、托、_____、_____"四法。

11. 传统技法中的"四击"是指踢、_____、摔、_____。

12. 武术教学的一个鲜明特点就是非常重视_____的思想教育。

13. "六合"主要体现出的是_____的劲力特点。

14. 武术课组织练习的形式有集体练习、_____、_____、双人练习、综合练习和实战练习等。

15. 武术基本步型主要有_____、_____、弓步、马步和歇步五种。

16. 武术作为体育项目,动作具有_____是它的本质特征。

17. 明清是武术大发展的时期,其繁荣的一个重要标志是_____,不同风格的拳种和器械得到了空前发展。

18. 内家拳的一个共同特点就是都直接用_____理论阐释拳理,重视修身养性,更全面深刻地反映了中国文化的哲学内涵。

19. 武德强调_____和_____的统一,使尚武与崇德成为密不可分的两个方面。

20. 原国家体委于_____年确定了武术为正式的比赛项目。

21. 按运动形式分类,武术可分为_____、_____、_____三大类。

22. 眼法一般可分为_____和_____两种。

23. 长拳传统技法中的"十二型"生动反映了运动中对_____的要求。

24. "八法"是指手、眼、身、步、精神、_____、_____、功等8个方面。

25. 传统武术技击理论一般将人体分为三节,上肢为稍节,躯干为_____,下肢为_____。

26. "六合"是指手、_____、肩、脚、_____、胯部位的协调配合,体现出整体合一的劲力特点。

27. 教学中经常采用的示范面有正面、_____、侧面和_____四种。

28. 武术教学中讲解的方法包括:_____、形象化讲解、单字化讲解、_____。

29. 武术动作中常用的手型有:拳、_____、_____、爪。

30. 套路运动是以_____为内容,以_____、_____、_____等矛盾运动的变化规律为依据编成的组合及整套练习。

31. _____年,中国武术协会在北京成立。_____年,国家体委颁布和实施了武术运动员技术等级标准。_____年,散手被批准为正式体育竞赛项目。_____年10月,国际武术联合会在北京宣告成立。

32. 武术套路运动中的器械可分为长器械、短器械、_____、_____。

33. 太极拳在长期演变中形成许多流派,其中流传较广的有陈式、_____、吴式、_____、武式。

34. 太极拳和许多武术功法练习注重_____和_____,长期练习能够增强_____,对治疗多种慢性疾病和调节人体_____平衡均有良好的医疗保健作用。

35. 武术教学法中的形象化讲解,是指用_____和_____来比喻动作,便于学生的理解和记忆。

36. 武术套路各项目评分均为_____分制,动作质量分为_____,演练水平分为_____,难度分为_____。

37. 武术竞赛按类型可分为:_____、_____、_____。

38. 武术是以_____为主要内容,以_____和_____为主要运动形式,注重_____的中国传统体育项目。

39. 商周时期,_____和_____成了武技训练的主要手段。

40. 无论何种套路,其共同特点都是以踢、打、摔、拿、击、刺等_____构成套路的_____。

41. 太极拳的教学应从_____和_____入手,再进入难度动作学习。_____是全身运动的根基,_____是上下协调的关键。

42. 示范教学法是武术教学中经常采用的方法,一般根据教材难易度可分为_____、_____两种。

43. 个人项目的竞赛场地为长_____米、宽_____米。集体项目的场地为长_____米、宽_____米。

44. 武术套路是由诸多武术_____组成,每一个完整的武术动作又是由_____和_____所构成。

45. 运动员套路演练的功力水平,主要通过_____和_____两个方面来体现。

46. 武术器械众多,古有"十八般武艺"之说。按形制可分为_____、_____、_____、_____、_____器械等。

47. 擒拿一般可分为_____、_____、_____三类,其中_____为擒拿的核心技术。

48. 武术图解是通过_____和_____来说明和解释武术动作的技术要领及动作特点。它是记录_____和_____的主要方式,也是武术技术交流与推广的一种形式。

三、选择题

1. 武术的本质特征是（　　）。

    A. 表演　　　　　　B. 技击　　　　　　C. 娱乐　　　　　　D. 健身

2. "长拳"一词最早见记载于明朝（　　）所著《纪效新书·拳经捷要篇》之中。

    A. 程宗猷　　　　　B. 茅元仪　　　　　C. 何良臣　　　　　D. 戚继光

3. （　　）年，原国家体委正式颁布施行了第一部《武术竞赛规则》。

    A. 1956　　　　　　B. 1987　　　　　　C. 1959　　　　　　D. 1960

4. （　　）年，在上海成立的精武体育会是维持时间最长、影响最大的民间武术团体。

    A. 1901　　　　　　B. 1905　　　　　　C. 1910　　　　　　D. 1915

5. 冲拳的力点应达（　　）。

    A. 拳面　　　　　　B. 拳背　　　　　　C. 拳轮　　　　　　D. 拳心

6. 侧踹腿应力达（　　）。

    A. 脚面　　　　　　B. 脚尖　　　　　　C. 脚底　　　　　　D. 脚跟

7. 马步两脚左右开立约为本人脚长的（　　）。

    A. 4 倍　　　　　　B. 3 倍　　　　　　C. 2 倍　　　　　　D. 1 倍

8. "前腿弓，后腿绷，挺胸立腰莫晃动"是对（　　）步型的要求。

    A. 仆步　　　　　　B. 马步　　　　　　C. 虚步　　　　　　D. 弓步

9. 在武术教学中，将"仆步穿掌"比喻为燕子抄水的讲解方法属于（　　）。

    A. 术语化讲解　　　B. 形象化讲解　　　C. 单词化讲解　　　D. 口诀化讲解

10. 武术套路个人比赛的场地长、宽分别为（　　）米。

    A. 14,8　　　　　　B. 16,8　　　　　　C. 12,10　　　　　　D. 16,14

11. 武术是以（　　）为主要内容。

    A. 技击动作　　　　B. 舞蹈动作　　　　C. 杂技动作　　　　D. 狩猎动作

12. （　　）开始实行武举制，用考试的办法来选拔武勇人才。

    A. 宋代　　　　　　B. 汉代　　　　　　C. 明代　　　　　　D. 唐代

13. 1928 年，中央国术馆于（　　）成立。

    A. 北京　　　　　　B. 南京　　　　　　C. 上海　　　　　　D. 广州

14. 在传统武德的内容中，（　　）最为重要。

    A. 仁　　　　　　　B. 义　　　　　　　C. 信　　　　　　　D. 勇

15. 两拳收抱于腰间时应（　　）朝上。

    A. 拳背　　　　　　B. 拳眼　　　　　　C. 拳心　　　　　　D. 拳面

16. 推掌的力点在（　　）。

    A. 掌根　　　　　B. 掌指　　　　　C. 掌心　　　　　D. 掌外沿

17. 初级长拳第三路中的"提膝穿掌"的眼法应为（　　）。

    A. 随视　　　　　B. 注视　　　　　C. 凝视　　　　　D. 斜视

18. 砸拳动作应力达（　　）。

    A. 拳面　　　　　B. 拳背　　　　　C. 拳轮　　　　　D. 拳心

19. 弹腿动作应力达（　　）。

    A. 脚面　　　　　B. 脚尖　　　　　C. 脚底　　　　　D. 脚跟

20. 在武术教学中对结构简单和难度不大的动作应（　　）。

    A. 完整示范　　　　　　　　　　B. 分解示范

    C. 语言提示　　　　　　　　　　D. 术语讲解

21. 武术集体项目比赛的场地,长、宽分别为（　　）米。

    A. 16,14　　　　B. 14,8　　　　C. 10,12　　　　D. 16,12

22. 练习长拳动作应与呼吸协调配合,做刚脆短促动作应用（　　）法。

    A. 沉　　　　　　B. 托　　　　　　C. 聚　　　　　　D. 提

23. 武术散打擂台赛于（　　）年被原国家体委列为正式比赛。

    A. 1978　　　　　B. 1982　　　　　C. 1989　　　　　D. 1990

24. 在练习长拳中的冲拳、推掌、弹腿等动作时,要运用（　　）的"寸劲"使劲力顺达。

    A. 先大后小　　　B. 先慢后快　　　C. 先刚后柔　　　D. 先柔后刚

25. 武术运动员的功力水平分由劲力和（　　）的得分而构成。

    A. 精神　　　　　B. 协调　　　　　C. 节奏　　　　　D. 风格

26. 二十四式简化太极拳的运动风格属于（　　）。

    A. 陈式　　　　　B. 杨式　　　　　C. 吴式　　　　　D. 孙式

27. 长拳传统技法中的"十二型"主要反映的是（　　）的运用要求。

    A. 速度　　　　　B. 节奏　　　　　C. 力量　　　　　D. 精神

28. 1990 年 10 月,国际武术联合会在（　　）成立。

    A. 北京　　　　　B. 上海　　　　　C. 南京　　　　　D. 香港

29. （　　）年,国务院学位办授予上海体育学院设立第一个武术博士学位授权点。

    A. 1978　　　　　B. 1982　　　　　C. 1996　　　　　D. 2000

30. 虚步亮掌动作,身体重心主要落在（　　）。

    A. 后腿上　　　　B. 前腿上　　　　C. 两腿中间　　　D. 以上都可以

31. 武术教学中,术语化讲解是指(　　)。

　　A. 把动作要领或动作顺序编成顺口溜

　　B. 把动作过程归纳为简明扼要的几个字

　　C. 用常用的自然现象比喻动作形象

　　D. 根据动作名称和武术术语进行讲解

32. 拳的力点在(　　)。

　　A. 拳心　　　　　B. 拳面　　　　　C. 拳眼　　　　　D. 中指

33. 以下有关冲拳的动作要点,错误的是(　　)。

　　A. 收腹、挺胸、抬头　　　　　　B. 转腰、顺肩

　　C. 出拳要快速有力,有寸劲　　　D. 拳的力点在中指

34. 正踢腿、侧踢腿、里合腿、外摆腿属于(　　)腿法。

　　A. 直摆性　　　B. 屈伸性　　　C. 扫转性　　　D. 跳跃

35. 蹬腿、弹腿、侧踹腿属于(　　)腿法。

　　A. 直摆性　　　B. 屈伸性　　　C. 扫转性　　　D. 跳跃

36. 右脚向前一大步,右腿屈膝半蹲(大腿接近水平),右膝与脚尖垂直,左腿挺膝伸直,两脚全脚掌着地是(　　)。

　　A. 马步　　　　　B. 弓步　　　　　C. 虚步　　　　　D. 仆步

37. 两腿交叉靠拢全蹲,前脚全脚着地,脚尖外展,脚跟离地,臀部紧贴后小腿的步型是(　　)。

　　A. 马步　　　　　B. 弓步　　　　　C. 虚步　　　　　D. 歇步

38. (　　)年,国家体委颁布、实施武术运动员等级实行标准,极大地鼓舞了广大武术运动员勤学苦练、不断提高运动技术水平的热情。

　　A. 1979　　　　　B. 1980　　　　　C. 1985　　　　　D. 1988

四、判断题

1. 武术的所有动作都具有技击性。　　　　　　　　　　　　(　　)

2. 对练也属于套路运动。　　　　　　　　　　　　　　　　(　　)

3. 推掌应力达掌外沿。　　　　　　　　　　　　　　　　　(　　)

4. 镜面示范就是正面示范。　　　　　　　　　　　　　　　(　　)

5. 腰是贯通上下肢体的枢纽,是集中反映套路技巧的关键。　(　　)

6. "仁"是习武者在品德上应该追求的最高境界。　　　　　　(　　)

7. 仆步属于步法中的一种。　　　　　　　　　　　　　　　(　　)

8. 武术基本功的手型有冲拳、勾手、掌、爪等。　　　　　　　(　　)

9. 在武术教学中,对结构简单和难度不大的动作应分解示范。 （　　）

10. 直摆性腿法有正踢腿、侧踢腿、侧踹腿。 （　　）

11. 部落战争是武术形成与发展的决定因素。 （　　）

12. 宋代开始实行武举制。 （　　）

13. 砸拳应力达拳背。 （　　）

14. 马步两脚左右开立约为本人脚长的 3 倍。 （　　）

15. 所谓"散打",就是在擂台上的自由搏击。 （　　）

16. 任何武术项目在比赛时均不可以配乐。 （　　）

17. 武举制自隋代开始实行。 （　　）

18. 民国时期,武术被称为"武艺"。 （　　）

19. "长拳"一词最早记载于明朝茅元仪《纪效新书·拳经捷要篇》口。 （　　）

20. 在 2008 年北京奥运会中,武术套路被列为特设项目。 （　　）

21. 著名的《内家拳法》是清代黄百家撰写的。 （　　）

22. "运动如抽丝,迈步如猫行"是太极拳的运动特点之一。 （　　）

23. 1933 年,武术被正式列为全国综合性运动会竞赛项目。 （　　）

24. 勾手是武术基本手型之一,其动作要求是五指捏拢,必须直腕。 （　　）

25. 个人项目的场地为:长 14 米、宽 10 米。集体项目的场地为:长 15 米、宽 14 米。 （　　）

26. 1978 年 11 月 16 日,邓小平同志应日本友人邀请,题赠"太极拳好"四字。 （　　）

五、简答题

1. 简述武术运动的作用。

2. 简述现代长拳的运动特点。

3. 武术教学法中讲解的内容包括哪些方面?

4. 简述武术教学的特点。

5. 长拳演练中的呼吸方法有哪些? 各在什么情况下运用?

6. 武术套路教学有哪些要求?

7. 简述太极拳运动的特点。

8. 武术教学中讲解的方法有哪些?

9. 简述抱拳礼的含义。

10. 什么是领做? 领做时应注意哪些问题?

11. 在武术演练中,对动作质量的评判依据是什么?

12. 武术有哪些主要的腿法和手法？请分别各列五种。

13. 请举例说明，在武术技术教学中如何进行正确的示范教学？

14. 明清时期是中国武术集大成发展的时期，武术文化的完备形态在此时期最终形成，试述其形成的标志有哪些？

15. 在教学中如何灵活运用探究教学法？

16. 中学武术教学应注意哪些问题？

17. 简述初级长拳第三路中"大跃步前穿"的动作分析、动作要点与易犯错误。

18. 简述罗汉十八手中"挎肘撅臂（挎篮势）"的动作分析、动作要点与实战用法。

第二节　试题参考答案

一、名词解释

1. 武术是以技击动作为主要内容，以套路和格斗为主要运动形式，注重内外兼修的中国传统体育项目。

2. 武德是指在从事武术活动群体中形成的对习武者行为规范要求的总和。它包括从事武术活动的人在社会活动中所应遵循的道德规范和所应有的道德品质。

3. 劲力是指演练武术时对完成技术动作所需力量的表现。

4. 精神是指套路演练中武术意识、攻防思维活动的自觉心理状态。

5. 长拳是现代武术运动中的主要拳种之一，它是在吸取了查、华、炮、红、少林等传统拳种之长的基础上发展起来的新拳种。长拳具有姿势舒展、快速有力、动迅静定、节奏鲜明的运动特色。

6. 太极拳是一种柔和、缓慢、轻灵的拳术，它以掤、捋、挤、按、采、挒、肘、靠、进、退、顾、盼、定为基本方法。

7. 八法是指手、眼、身、步、精神、气、力、功，即手法、眼法、身法、步法、精神、气息、劲力、功夫等八个方面。

8. 六合是指手、肘、肩、脚、膝、胯部位的协调配合，体现出整体合一的劲力特点。

9. 眼法是指眼神与各种动作协调配合的方法。

10. 节奏是指演练武术套路时，套路动作的速度、力量等呈现出的特有的规律性变化。

11. 推手是指两人遵照一定的规则，使用掤、捋、挤、按、采、挒、肘、靠等技法，双方沾连粘随,寻机借劲发力将对方推出,以此来决定胜负的竞技项目。

12. 身法是指在运动中以躯体为主,结合攻防动作的身体变化方法。

13. 对练是指在单练的基础上,两人或两人以上,在预定条件下进行的假设性攻防练习的套路形式。

14. 短兵是指两人手持一种藤、皮、棉制作的短棒似的器械,在直径16尺的圆形场地内,按照一定的规则,使用劈、砍、刺、崩、点、斩等方法来决胜负的竞技项目。

15. 长拳在运动时有动势、静势、起势、落势、立势、站势、转势、折势、轻势、重势、缓势、快势十二种态势。前人将此十二种态势以形象的比喻方法提示人们对长拳技术的追求,俗称"十二型"。

16. 套路运动是指以技击动作为内容,以攻守进退、动静疾徐、刚柔虚实等矛盾运动的变化规律为依据编成的整套练习。

17. 功法运动是以单个武术动作作为主体进行练习,以达到健体或增强某方面体能的运动。

18. 搏斗运动是指两人在一定条件下,按照一定的规则进行的斗智、斗技的对抗实战形式。目前,列为武术竞赛的项目有散打、推手等。

19. 自选套路是指练习者根据自我身体素质和技术风格创编的武术套路。为适应竞赛的需要,武术竞赛规则对自选套路的动作数量、组别、规格、完成套路的时间等均有统一要求和严格规定。

20. 武术技法是指武术练习的技术要求与带有规律性的技巧方法。

二、填空题

1. 生产劳动

2. 武举制

3. 北京

4. 三级九段

5. 徒手练习

6. 仁;义;礼

7. 静止动作;舒展挺拔;稳定

8. 眼神;各种动作

9. 躯体;攻防动作

10. 聚;沉

11. 打;拿

12. 尚武崇德

13. 整体合一

14. 分组练习;单人练习

15. 仆步;虚步

16. 攻防技击性

17. 流派林立

18. 中国哲学

19. 练武;修身

20. 1957

21. 套路运动;功法运动;搏斗运动

22. 随视;注视

23. 节奏

24. 气;力

25. 中节;根节

26. 肘;膝

27. 背面;镜面

28. 术语化讲解;口诀化讲解

29. 掌;勾

30. 技击动作;攻守进退;动静疾徐;刚柔虚实

31. 1958;1985;1989;1990

32. 软器械;双器械

33. 杨式;孙式

34. 调息运气;意念活动;人体免疫力;内环境

35. 自然景物;动物

36. 10;5 分;3 分;2 分

37. 个人;团体;个人与团体

38. 技击动作;功法;套路搏斗;内外兼修

39. 田猎;武舞

40. 功防动作;主要内容

41. 基本步法;手法;步法;腰胯

42. 完整示范;分解示范

43. 14;8;16;14

44. 单个动作;"型";"法"

45. 劲力;协调

46. 长;短;单;双;软

47. 拿骨(即反关节);拿筋;拿穴;拿骨

48. 图示;文字;武术动作;套路

三、选择题

1. B	2. D	3. C	4. C	5. A
6. D	7. B	8. D	9. B	10. A
11. A	12. D	13. B	14. A	15. C
16. D	17. A	18. B	19. B	20. A
21. A	22. C	23. C	24. D	25. B
26. B	27. B	28. A	29. C	30. A
31. D	32. B	33. D	34. A	35. B
36. B	37. D	38. C		

四、判断题

1. (×)	2. (√)	3. (√)	4. (×)	5. (×)
6. (√)	7. (×)	8. (×)	9. (×)	10. (×)
11. (×)	12. (×)	13. (√)	14. (√)	15. (×)
16. (×)	17. (×)	18. (×)	19. (×)	20. (√)
21. (√)	22. (√)	23. (√)	24. (×)	25. (×)
26. (√)				

五、简答题

1. ①壮内强外的健身作用;②提高防身自卫能力;③培养道德情操的教育作用;④娱乐观赏,丰富文化生活;⑤交流技艺,增进友谊。

2. ①姿势舒展。②快速有力;③动迅静定;④节奏鲜明。

3. ①基本技法;②动作规格;③攻防意义;④关键环节;⑤易犯错误。

4. ①重视基本技术动作和基本功教学;②研究技术动作的趣味性;③生重技术动作的规范性;④围绕重点动作分节施教;⑤结合攻防技术解析动作;⑥突出器械的基本技法教学。

5. (1) 长拳的呼吸方法有"提、托、聚、沉"四种。

(2) ①由低姿势动作进入高姿势动作时,应该用"提"法;②静止性动作应该用"托"法;③刚脆短促动作应该用"聚"法;④在由高姿势动作进入低姿势动作时,应该用"沉"法。

6. ①重视尚武崇德的思想教育;②注重直观教学,以领做为主;③结合攻防动作讲解示范;④强调动作规范,突出不同拳种风格;⑤注重内外兼修,提高演练技巧。

7. ①体松心静(需展开说明)。②缓慢柔和(需展开说明)。③动作呼吸和意念相配合:动作与呼吸的配合(可举例说明突出呼吸自然的特点);②动作与意念的配合(可举例说明突出"意领身随"的特点)。

8. ①术语的讲解;②形象化讲解;③单字化讲解;④口诀化讲解。

9. ①右手握拳,寓意尚武;②左手掩掌,寓意崇德,以武会友;③左掌四指并拢,寓意四海武林团结奋进;④屈左拇指,寓意虚心求教,永不自大;⑤两臂屈圆,寓意天下武林是一家。

10.（1）领做是指教师实地做动作带领学生进行模仿练习,使学生初步掌握武术技术动作的结构、方向和路线。

（2）领做时应注意:①领做位置要恰当。在套路教学时,教师一般站在套路运动方向的斜前方,与学生的运动方向一致。当动作方向发生改变时,也要及时变换领做位置。②领做与口令指挥相配合。教师领做的动作速度应便于学生观察、模仿,同时配合简明的语言提示或口令指挥,提高领做效果。

11. ①每一个完整的武术动作是由"型"和"法"所构成的。②"型"是指手形、步形、身型等外在形体动作和姿态。在套路演练中,定势动作主要看其"型"正确与否。③"法"是指手法、步法、身法、腰法、眼法、跳跃、平衡等动态移动中的动作,以及各种器械的方法。对"法"的评判主要看方法是否正确,运行路线是否合理、清楚,力点是否准确等。

12.（1）腿法:踢腿、前拍脚、外摆腿、里合腿、蹬腿、弹腿、侧踹腿、扫腿等等。
（2）手法:冲拳、推掌、劈拳、贯拳、砸拳、挑掌、勾拳、鞭拳、撩拳等等。

13. ①武术教学中示范的要求与作用。②在下列情况下可运用完整示范:首次作为教学内容的武术动作;教学内容为结构简单、难度不大的武术动作;教学对象为有一定武术基础的学生。③在下列情况下可运用分解示范:结构、方向和路线较为复杂繁难的动作;含攻防因素较多的动作;不易完成的跳跃、翻腾、滚翻、跌仆等动作;展示难度动作、复杂动作、节奏、风格。④示范位置、示范面、示范速度(可举例展开说明)。

14. ①武术拳种流派的形成(需展开说明);②武术内功的形成(需展开说明);

③武术套路的形成(需展开说明);④内家拳的出现(需展开说明);⑤对武德的明确要求(需展开说明)。

15. 探究教学法是在教师引导下,学生从趣味性和挑战性的问题出发来获取知识、技能或解决问题的一种教学方法。

    (1) 探究教学内容。武术组合或套路记忆问题;武术繁难动作掌握问题;武术图解识别和自学问题;武术动作改编创新问题;武术教法运用问题;武术专项身体素质提高问题。

    (2) 探究教学形式。探究教学的特征主要表现在:参与性、开放性、创造性、过程性、深层次的兴趣和思维等。学生的探究学习是在教师的指导和引导下的探究,学生探究的问题是经过设计和安排的问题。学生的探究过程是开放的,方法是多样的,结果可以是多元的。武术课程运用探究教学必须是在学生掌握了一定基本功、基本动作和基础组合,有了一定的知识储备之后进行。

    ①共同参与。教师将教学中学生遇到的各类问题进行专题教学,请学生参与、探索各种帮助掌握动作的方法,最终教师提供比较有效的方案,为学生整理思路。

    ②自学任教。教师提前布置作业,请学生课下看图自学相关组合或段落,在第二次课上由学生执教,将该学生的动作向其余学生传授,学生们在课堂上可以相互纠正动作。教师可通过录像等方式提供规范的组合或段落演示。

    ③创新学习。武术课程的平时作业可由学生将掌握的组合或套路进行创编、改造,创新完成新的组合。教师可规定组合中应包含的动作组别,公布评价标准,在课堂检查作业时客观地进行评判。

16. ①注意武德教育:培养良好的习武礼仪规范(需展开说明);尊重同学,团结同学(需展开说明);注重武德,不出手伤人(需展开说明)。②突出难点,围绕重点:围绕课程所学的武术动作(可举例说明);突出重点,由易到难(可举例说明);由浅入深,步步深入(可举例说明)。③以人为本,调动学生的学习兴趣:调动学生的学习兴趣(可举例说明);调动学生的学习积极性(需展开说明);以人为本,注意个性化教育(可举例说明)。④合理安排教学内容:武术教材与其他教材的搭配(需展开说明);武术教材的选择搭配(可举例说明)。⑤合理安排准备活动内容(可举例说明)。⑥注意中学教学的特殊性,以集体教学为主(可举例说明)。⑦加强安全教育(可举例说明)。⑧注意培养骨干(可举例说明)。

17. （1）动作分析：

①接上势（弹踢冲拳），左腿屈膝；右拳变掌内旋，以手背向下挂至左膝外侧，上体前倾；目视右手。（收腿挂掌）

②接上势，左脚向前落步，两掌后摆，重心移至左脚，两腿微屈，右拳继续向后挂，向后下摆掌伸直，目视右拳。（上步后摆掌）

③接上势，右腿屈膝向前提起，左腿猛力蹬地向上、向前跃起，跳起后双小腿后背，身体右转；同时，两掌向前、向上划弧摆起，目视左拳。（跃步上摆掌）

④右脚落地全蹲，左脚随即落地向前铲出成左仆步；右掌变拳抱于腰侧，左掌由上向右、向下划弧成立掌停于右胸前，目视左脚。（仆步抱拳）

（2）动作要点：左腿起跳；空中挺胸抬头，伸展屈肘；跳起后在空中挺身背腿；跃步要远，落地要轻，落地后立即做下一个动作。

（3）易犯错误：换步不协调；摆掌与下肢不能协调一致；跳起后在空中未挺身背腿。

18. （1）动作分析：接上势（虚步推掌），左脚向前踏实，左手掌拦拨抓握内旋（划小弧）变拳收至腰间；同时，身体向左转180度，上右步成马步，同时右掌变拳从腰间由下向上冲出，拳心朝内，拳面朝上，不能高过鼻尖，目视右拳。

（2）动作要点：①左手掌拦拨抓握内旋（划小弧）变拳收至腰间与上右步冲打右拳要同时进行，一气呵成。②要体现出挎肘的劲道，就要十分注意右拳由下向上冲打的力度。③成马步时，右肩向前、左肩向后形成对拉劲。④身法要求：立身中正，头微微上顶，含胸塌腰，两胯与两肩平，两膝不要超过两脚脚尖。

（3）实战技法：①双方格斗姿势站立（左脚在前），当对手以左拳攻击我面部时，我迅速拦拨抓握对手手腕外旋；同时，快速右脚进步，放于对手左脚外侧，右拳随身体左转，由下向上，挎击对手胳膊，致使对手胳膊受伤或倒地。②双方格斗姿势站立（对手右脚在前，我左脚在前），当对手以右拳攻击我面部时，我迅速抓握对手手腕外旋；同时，快速上右步，右拳随身体左转，由下向上，打击对手腹部或下巴颏，致使对手腹部受伤而倒地。要点：抓握、上步、挎击协调一致，凶猛有力，一气呵成。

参 考 文 献

[1] 体育院校教材编审委员会武术编选小组.武术本科讲义.北京：人民体育出版社,1961.

[2] 体育院、系教材编审委员会《武术》编写组.武术(上册).北京：人民体育出版社,1978.

[3] 全国体育学院教材委员会.武术(上册).北京：人民体育出版社,1983.

[4] 全国体育学院教材委员会.武术.北京：人民体育出版社出版,1988.

[5] 全国体育院校教材委员会.武术(上册).北京：人民体育出版社,1991.

[6] 全国体育学院教材委员会.武术.北京：人民体育出版社,1996.

[7] 全国体育院校教材委员会.中国武术教程.北京：人民体育出版社,2003.

[8] 全国馆(校)教材编写组.拳械竞赛套路.北京：北京体育大学出版社,1997.

[9] 全国馆(校)教材编写组.中级拳械竞赛套路.北京：北京体育大学出版社,1997.

[10] 蔡仲林,周之华.武术.北京：高等教育出版社,2000.

[11] 蔡仲林,周之华.武术.北京：高等教育出版社,2005.

[12] 中国武术百科全书编撰委员会.中国武术百科全书.北京：中国大百科全书出版社,1998.

[13] 武术基础练习编写小组.武术基础练习.北京：人民教育出版社,1978.

[14] 武术训练教材编写组.全国武术训练教材.北京：北京体育大学出版社,2000.

[15] 郑旭旭.中国武术导论.北京：高等教育出版社,2010.

[16] 邱丕相.中国武术史.北京：高等教育出版社,2008.

[17] 林小美,周之华.武术套路基础教程.北京：高等教育出版社,2010.

[18] 林小美.大学武术.杭州：浙江大学出版社,2008.

[19] 赵光圣.武术格斗基础教程.北京：高等教育出版社,2010.

[20] 习云太.中国武术史.北京：人民体育出版社,1985.

［21］邱丕相,蔡仲林,郑旭旭.中国武术导论.北京：高等教育出版社,2010.

［22］武术教材编写组.武术.北京:高等教育出版社,1996.

［23］国家体委武术研究院.中国武术史.北京：人民体育出版社,1997.

［24］康戈武.中国武术实用大全.北京：今日中国出版社,1990.

［25］杨祥全.现代武术史.武汉：长江出版社,2011.

［26］王宗岳.太极拳论.北京：人民体育出版社,1995.

［27］习云太.武术学概论.北京：人民体育出版社,1995.

［28］顾留馨.太极拳术.上海：上海教育出版社,1982.

［29］蔡龙云.少林寺拳棒阐宗.杭州：浙江科学技术出版社,1982.

［30］于素梅.中学教材教法.北京：北京体育大学出版社,1999.

［31］中国国家体育总局.武术（套路）.北京：人民体育出版社,1999.

［32］昌沧,周荔裳.中国武术人名辞典.北京：人民体育出版社,1993.

［33］周伟良.中国武术史.北京：高等教育出版社,2003.

［34］周伟良.中华民族传统体育概论高级教程.北京：高等教育出版社,2003.

［35］陈公哲.精武会五十年.沈阳：春风文艺出版社,2001.

［36］继光.纪效新书.人民体育出版社,1988.

［37］蔡龙云.琴剑楼武术文集.北京：人民体育出版社,2007.

［38］庞玉森.中央国术馆史.合肥：黄山书社,1996.

［39］马力.中国古典武学秘籍录.北京：人民体育出版社,2005.

［40］余功保.中国太极拳大百科.北京：人民体育出版社,2011.